W0282533

JE FABRIQUE mon matériel MONTESSORI

DO IT YOURSELF !

LAURENCE LOISEAU-DAVID
Photographies de Linda Louis

éditions la plage

« L'enfant est la partie la plus importante de l'adulte. »

« Il ne s'agit pas d'abandonner l'enfant à lui-même pour qu'il fasse ce qu'il veut, mais de lui préparer un milieu où il puisse agir librement. »

Maria Montessori

Pour être tenu au courant de nos publications,
envoyez vos coordonnées à : info@laplage.fr
www.laplage.fr

ISBN : 978-2-84221-510-1
Conception graphique : David Cosson – dazibaocom.com
Lecture-correction : Clémentine Bougrat
Photogravure : Christophe Girard

FSC MIXTE Papier FSC® C112206

Imprimé sur du papier issu de forêts gérées durablement, sur les presses de Beta, imprimeur labellisé pour ses pratiques respectueuses de l'environnement.

Sommaire

Les principes généraux de la pédagogie Montessori ... 6
Quelques bases de couture ... 9

DANS L'AIRE DU NIDO ET DES NON-MARCHEURS

La balle de préhension ... 18
Les coussins sensoriels ... 26
Le topponcino ... 30
La pentaballe multitexture ... 37
Le tapis molletonné et sa housse ... 40
Du noir et blanc dans l'environnement de votre bébé ? ... 42
Le mobile géométrique noir et blanc ... 43
Les livres ... 52
Les cadres patchwork noir et blanc ... 58
Le tapis d'éveil noir et blanc ... 67

DANS L'AIRE DU MOUVEMENT LIBRE DES MARCHEURS

Les sacs stéréognostiques ... 74
Les cadres d'habillage ... 78
Le calendrier perpétuel ... 87
La bande-prénom ... 100
Le tapis d'anniversaire ... 108
L'enfilage de coussins ... 112
Les cartes à lacer ... 116
Le tapis sensori-moteur ... 120
Les pochettes pour les cartes de langage ... 128

DANS L'AIRE DU REPAS

La serviette de table pressionnée ... 132
Le bavoir élastique réversible ... 134
Le set de table ... 136
Le tablier de cuisine ... 140

À QUI S'ADRESSE CE LIVRE ?

– À toutes les personnes qui portent un intérêt à la pédagogie Montessori et qui souhaitent mêler leur savoir-faire au matériel.
– À toutes les mamans, aux professionnels de la petite enfance ou simplement aux passionnés de la couture ou du DIY souhaitant donner un caractère unique à leurs créations et éprouver une certaine fierté à fabriquer eux-mêmes.
– À toutes les personnes désireuses de fabriquer elles-mêmes des articles uniques pour leurs enfants ou pour offrir des présents à leur entourage. La confection des articles doit répondre avant tout aux besoins et à la sécurité de l'enfant.
Le DIY permet de s'approprier le matériel et de s'imprégner du sens qu'il donne à l'enfant.
Fabriquer un objet, qu'il soit en tissu, en bois, en carton… lui donne une autre dimension et permet d'en saisir tous les aspects, de le comprendre, de mieux le présenter à l'enfant. Un détail, un savoir-faire particulier, un choix de matière original… sont autant de conditions pour faire d'une création un objet unique.

PURISTE, PAS PURISTE…

Les objets présentés dans ce livre avec le logo « » sont inspirés de la pédagogie Montessori. Il s'agit d'une influence de la méthode, de ce qu'elle m'a permis de découvrir sur le développement de l'enfant. Je suis consciente que ces objets ne satisferont pas pleinement les puristes et je peux le comprendre.
Cependant, par mon expérience professionnelle auprès des enfants, par ma formation à la pédagogie Montessori, j'ai constaté qu'il est possible de rester fidèle à l'esprit de Maria Montessori tant que l'on tient compte de plusieurs éléments fondamentaux de sa pédagogie :
– observer les périodes sensibles de l'enfant ;
– ne soumettre qu'une seule difficulté à la fois ;
– une activité qui a du sens et un objectif ;
– du matériel sobre et concret ;
– privilégier l'intérêt de l'enfant.
Et puis surtout passer du concret à l'abstrait, de la 3D à la 2D, du connu à l'inconnu…

POURQUOI DE LA COUTURE ?

« L'organe moteur qui caractérise l'homme, c'est la main, au service de l'intelligence pour la réalisation du travail. »
J'ai toujours mêlé ma formation de modéliste, ma passion pour la couture à ce qui m'entourait.
En travaillant avec les enfants et d'autant plus depuis que je me forme à la pédagogie Montessori,

j'ai toujours eu besoin et envie de créer pour eux, de tester, de rendre leur quotidien agréable en choisissant des tissus attrayants dont la composition est de qualité, ainsi que des motifs et des couleurs auxquels les enfants sont réceptifs.
Les enfants sont sensibles à ce qui matérialise leur environnement et par mes observations, j'ai pu me rendre compte qu'ils sont curieux de connaître la composition des objets qui les entourent et comment ils ont été fabriqués. Cela permet de partager avec eux certaines connaissances et de mettre en pratique des activités autour de la création textile ou autres. Maria Montessori disait que les enfants sont très sensibles aux matières nobles et à la qualité du matériel, et il est en effet important d'accorder du soin à ces créations afin que l'enfant ait du plaisir à manipuler, à observer, à sentir...

Ma *shopping list*

FOURNITURES

Loulou Pepetti pour les tissus Oeko-Tex et bio : louloupepetti.com
Bio Tissus pour le molleton bio au mètre et le coton bio de rembourrage : biotissus.com
Ma Petite Mercerie pour les tissus, notamment enduits : mapetitemercerie.com
Blisstiss pour les tissus et rubans : page Facebook Blisstiss les Tissus
Marotte et Cie pour la laine cardée naturelle et les poupées Waldorf souvent utilisées dans la pédagogie Montessori : marotte-cie.com
The Cinnamon Patch pour la feutrine de laine souple ; un choix important de coloris et une feutrine de très bonne qualité : thecinnamonpatch.com
Jeu de Mailles pour la feutrine épaisse et souple : jeudemailles.com
La marque **Artemio**, présente dans beaucoup de boutiques de loisirs créatifs, propose également un large choix de feutrines plus ou moins épaisses et de divers coloris.
Rascol pour la mercerie et les consommables : rascol.com

MATÉRIEL MONTESSORI

Montessori S'Amuser Autrement pour le matériel Montessori en général et la vie pratique en particulier : montessori-samuser-autrement.fr
La Cabane Montessori pour les cartes de langage : lacabanemontessori.com
Ambiance Montessori pour le matériel Montessori, notamment sensoriel, le langage, la zoologie... : ambiance-montessori.fr
Adeline Charneau pour se documenter, partager sur la pédagogie Montessori et acheter des supports très intéressants, notamment sur le temps : alternative-montessori.com

BLOGS CONCERNANT LA PÉDAGOGIE MONTESSORI

Petit à petit... Montessori : une institutrice engagée, Aline, nous montre son expérience de la pédagogie dans son quotidien, dans sa classe. petitpetitmontessori.blogspot.fr
Aux couleurs de Montessori : Laëtitia, éducatrice Montessori, directrice d'Écol'Aude Montessori, partage sa passion de la pédagogie. auxcouleursdemontessori.blogspot.fr

LES PRINCIPES GÉNÉRAUX DE LA PÉDAGOGIE MONTESSORI

Il est impossible de définir la pédagogie Montessori en quelques phrases, même si souvent on la résume à la célèbre citation de Maria Montessori : « L'enfant n'est pas un vase que l'on remplit mais une source que l'on laisse jaillir. » Je vais donc simplement évoquer quelques termes à retenir et quelques points essentiels à savoir. Il est important de se documenter en lisant principalement les ouvrages de Maria Montessori, puis les ouvrages d'autres auteurs indiqués dans la bibliographie page 8, si l'on souhaite approfondir les bases de cette pédagogie.

Autonomie, autocorrection, périodes sensibles...

– L'enfant apprend de son propre choix, sans obligation ; il choisit librement ses activités. Il faut favoriser l'autonomie de l'enfant par un cadre dans lequel il peut se mouvoir et où le matériel est le plus possible adapté à sa taille.

– L'environnement dans lequel l'enfant va évoluer doit être préparé et adapté afin d'améliorer ses connaissances. L'adulte est le garant d'une ambiance par son comportement (calme, humble, confiant, attentif, observateur et en retrait...).

– Le matériel sensoriel est omniprésent, libre d'accès. Il permet de préciser le concret pour passer vers l'abstrait.

– L'enfant possède un esprit absorbant, il acquiert très vite les informations de son environnement, telle une éponge.

– Le matériel est autocorrectif : l'enfant juge par lui-même de son degré de réussite et se corrige en s'entraînant aux exercices autant de fois qu'il le souhaite. L'adulte n'émet pas de jugements, de critiques, que ce soit négatif ou positif.

– Les périodes sensibles : il s'agit d'une sensibilité particulière que l'enfant éprouve pendant une certaine période et qui va le pousser à s'orienter dans son environnement par les sens et le mouvement. Elles sont universelles, pour tous les enfants du monde entier. Elles doivent être nourries quand elles se manifestent grâce à un environnement préparé par l'adulte. Entre 0 et 6 ans, on trouve 7 périodes sensibles.

1. L'ordre.
2. Le langage.
3. Le mouvement.

} **Les 3 principales**

4. L'assimilation des images.
5. Le raffinement des sens.
6. Le comportement social.
7. L'attention aux petits objets.

Pour Maria Montessori, « l'intellect de l'enfant ne travaille pas seul, mais, partout et toujours, en liaison intime avec son corps, et plus particulièrement avec son système nerveux et musculaire ». Selon elle, le corps a une véritable importance dans le développement intellectuel de l'enfant et c'est pourquoi la plupart des apprentissages sont fondés sur une approche sensorielle.
L'importance des premières années est décrite dans le livre *L'Esprit absorbant de l'enfant*, où Maria Montessori écrit : « La période la plus importante de la vie se situe entre la naissance et 6 ans et non pas durant les études universitaires. Ainsi, c'est le moment où le plus grand instrument de l'homme, l'intelligence, se forme. Non seulement son intelligence ; mais toutes ses capacités psychiques… »

BIOGRAPHIE DE MARIA MONTESSORI

Maria Montessori voit le jour le 31 août 1870 à Chiaravalle en Italie.
Elle suit des études de médecine contre l'avis de tous, puisque c'est aux hommes qu'est réservée cette discipline. Volontaire, courageuse, elle met tout en œuvre pour réussir, malgré les difficultés et les obstacles. C'est la première femme à obtenir son diplôme de médecine, en 1897.
Elle poursuit des études de biologie, de psychologie et de philosophie entre la France, l'Angleterre et l'Italie.
Maria travaille dans une clinique psychiatrique de Rome auprès d'enfants handicapés mentaux. Considérant qu'ils ont besoin d'une aide psychologique plutôt que médicale, l'État crée une école d'orthophrénie en 1898, qui est confiée à Maria Montessori.
Ses recherches s'enracinent dans les pas de deux médecins-éducateurs, Jean Itard et Édouard Séguin. Elle observe les enfants, se consacre à leur développement, défend leurs droits et leur dignité, et fait construire du matériel pédagogique qu'Itard et Séguin avaient élaboré.
En 1907, dans le quartier de San Lorenzo à Rome, Maria prend en charge des enfants âgés de 3 à 6 ans non scolarisés et livrés à eux-mêmes. On inaugure la première « Casa dei bambini ».
Des meubles proportionnés à leur taille y sont fabriqués et le matériel pédagogique est proposé à la cinquantaine d'enfants.
L'observation des enfants démontre une concentration et une autodiscipline exemplaires.
L'épanouissement des enfants de ce quartier défavorisé se transmet à leur entourage, grâce à leurs nouvelles habitudes de soin et d'ordre.
Étant donné les progrès des enfants dont elle s'occupe, sa renommée est nationale puis internationale.
Face aux demandes de formation, Maria Montessori crée en 1909 des cours d'éducateur pour les enfants de 3 à 6 ans et de 6 à 12 ans.
Les écoles se multiplient, notamment aux États-Unis.
Elle crée l'AMI (Association Montessori internationale) dont l'objectif est de respecter les principes fondamentaux de sa méthode et de promouvoir sa pédagogie.
Maria fuit l'Italie en 1934, avec l'avènement du fascisme, pour s'installer en Espagne. Elle quitte ensuite ce pays quand Franco arrive au pouvoir, pour s'installer en Hollande.

Pendant la guerre de 1939-1945, elle part en Inde où elle crée de nombreuses écoles et rencontre Nehru, Gandhi et Tagore.
Elle s'intéresse de plus en plus au nouveau-né et à la vie intra-utérine à partir de cette période.
Maria Montessori meurt le 6 mai 1952, à l'âge de 81 ans, à Noordwijk aan Zee, aux Pays-Bas.

Quelques chiffres

Aujourd'hui : 22 000 écoles Montessori dans 50 pays.

Environ 5 000 aux États-Unis.

En Inde : 4 500 écoles dans le seul État du Tamil Nadu.

En Grande-Bretagne : 600 écoles.

Elles se multiplient en Russie, en Pologne, au Brésil et en Chine.

En France : environ 180 écoles, chiffre très faible par rapport à nos voisins comme l'Allemagne, où il y a environ 1 000 établissements Montessori (600 jardins d'enfants et 400 écoles, dont 35 % sont publiques), ou les Pays-Bas qui comptent 160 écoles en contrat avec l'État.

En Espagne : une cinquantaine d'écoles recensées.

Bibliographie

Maria Montessori a rédigé plusieurs ouvrages au sujet de la pédagogie, de l'enfant et de son développement, parus aux éditions Desclée de Brouwer. En voici les principaux.

– *L'Enfant*

– *L'Enfant dans la famille*

– *L'Esprit absorbant de l'enfant*

– *La Formation de l'homme*

– *L'Éducation et la Paix*

– *Pédagogie scientifique, tome 1, la maison des enfants*

– *Pédagogie scientifique, tome 2, éducation élémentaire*

Ouvrages d'autres auteurs sur la pédagogie Montessori
– Charlotte Poussin, *Apprends-moi à faire seul*, éditions Eyrolles
– Tim Seldin, *Éveiller, épanouir, encourager son enfant*, éditions Nathan
– Céline Alvarez, *Les Lois naturelles de l'enfant*, éditions Les Arènes
– Ève Herrmann, *100 activités Montessori pour découvrir le monde*, éditions Nathan

QUELQUES BASES DE COUTURE

LE RELEVÉ DE PATRON

Il est possible d'utiliser du papier de soie, du papier kraft blanc peu épais ou tout papier suffisamment fin pour relever les patrons par transparence. Utilisez un crayon fin, une règle japonaise ou un réglet en acier pour tracer, ainsi qu'un perroquet ou pistolet pour les courbes. Vérifiez et repérez le droit-fil, les crans éventuels de montage, les valeurs de couture, comprises ou non.
Les gabarits de coupe, qui servent à tracer directement sur le tissu, peuvent être réalisés en carton fin ou même un peu épais, la priorité étant la régularité et la précision de la découpe pour un meilleur résultat. Il faut essayer d'être le plus fidèle possible au tracé de départ afin de ne pas avoir trop de différences.

Symboles

--o-- = endroit (1 rond pour 1 « e »)
o--o = envers (2 ronds pour 2 « e »)
------ = piqûre ou surpiqûre
✂ = couper

LA COUPE DU TISSU

Il est important de savoir que le tissu a un sens, ou plutôt deux :
– **le droit-fil largeur Dl** (direction largeur) – la **trame** ;
– **le droit-fil longueur DL** (direction longueur) – la **chaîne**.
On coupe généralement dans le sens de la chaîne. En règle générale, sauf pour les tissus élastiques, la chaîne est plus rigide et se déforme beaucoup moins que la trame qui est souvent plus extensible. Les bordures du tissu constituent les **lisières** ; c'est là que la navette fait demi-tour lors du tissage.
Le **biais** est incliné à 45° sur la chaîne et la trame. On l'obtient en pliant le tissu en diagonale, pour amener la chaîne sur la trame. Attention aux motifs s'ils ont un sens.

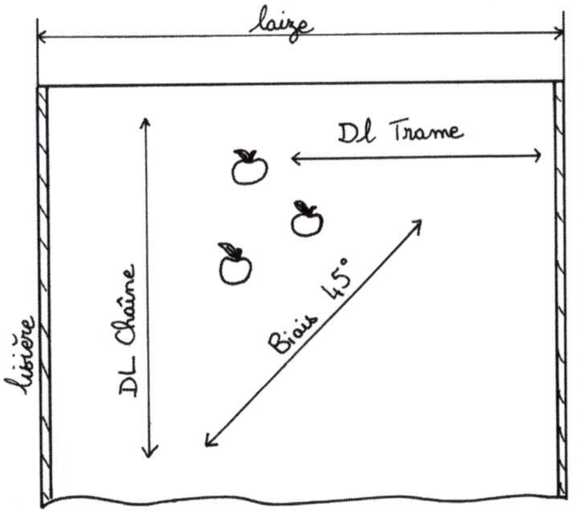

La **laize** : c'est la largeur du tissu, qui correspond à l'écartement entre les deux lisières. Elle fait en général 140 ou 150 cm, mais peut être aussi de 110 cm (tissus japonais) ou 90 cm pour les thermocollants, doublures... Vérifiez donc lors de l'achat pour évaluer le métrage.

Avant de confectionner, il est préférable de laver les tissus ou au moins de les décatir, c'est-à-dire les repasser avec beaucoup de vapeur.

Coupez toujours avec les ciseaux en appui sur la table (ne jamais tenir les ciseaux en l'air), grosse lame sur la table. Essayez au maximum (si vous êtes droitière) d'avoir la forme à découper à gauche des ciseaux et de positionner votre main gauche bien à plat sur le patron épinglé au tissu, afin qu'il ne bouge pas. Cela permet une plus grande précision et évite les millimètres en plus ou en moins.

LE THERMOCOLLANT

Il est important de choisir un thermocollant adapté au tissu. N'hésitez pas à demander conseil car le choix est parfois important et on peut s'y perdre...
Le thermocollant, appelé aussi entoilage, peut être tissé ou non tissé, en maille, vendu au mètre ou en coupons. Il est conseillé de faire un essai sur une chute afin de voir le résultat. Les essais sont importants pour éviter l'effet carton ou les bulles d'air, les bosses... Pensez à respecter le droit-fil du thermocollant quand il s'agit d'un tissé, de la même manière que pour le tissu !
Pour thermocoller dans de bonnes conditions, protégez votre table à repasser avec une toile, un torchon, une serviette... qui ne craint rien. Appliquez la face collante (granuleuse) sur l'envers du tissu, sans vapeur, à la chaleur adaptée au tissu. Repassez pendant 20 à 30 secondes, puis laissez refroidir avant de voir si le thermocollant tient bien. Recommencez s'il s'enlève trop facilement.

LA FABRICATION

A. LE SURFILAGE

Au cours de la confection, de l'utilisation ou du lavage, le tissu, suivant sa qualité ou son tissage, peut avoir tendance à s'effilocher. Le surfilage consiste à piquer au bord d'un tissu coupé avec un point recouvrant (zigzag, surjet...).
Tous les tissus ne se surfilent pas : c'est le cas par exemple du tissu enduit, de la feutrine... car ce sont des intissés. Dans le doute, vous pouvez les couper aux ciseaux cranteurs.

Quand ?

– Avant l'assemblage : surfilez toutes les pièces une à une dès que vous les avez coupées.
– Après l'assemblage : surfilez les pièces une fois que vous les avez assemblées.

Comment ?

Le surfil doit s'effectuer sur l'endroit du tissu.
Vous pouvez surfiler avec votre machine à coudre en utilisant un point zigzag plus ou moins serré suivant le tissu ou un point de surjet, possible avec certaines machines.

Si vous êtes équipée d'une surfileuse, vous êtes sûrement une habituée et je ne vais pas vous expliquer ce que vous savez déjà !

B. L'ASSEMBLAGE

Cette opération consiste à positionner deux épaisseurs de tissu l'une sur l'autre, endroit contre endroit, bord à bord en général, et à les piquer au point droit au bord de la valeur (ou marge) de couture. La valeur de couture est le surplus ajouté au bord fini ; elle est en règle générale de 1 cm, sauf précision contraire. L'assemblage s'effectue ainsi l'envers face à vous.
Pour être à la même distance du bord et respecter la valeur de couture, il faut utiliser un repère sur votre machine à coudre. En général, des lignes sont gravées sur la plaque à aiguille. Vous pouvez utiliser le bord du pied presseur (appelé aussi pied-de-biche) comme repère, suivant sa largeur. Vous pouvez également opter pour une solution maison : appliquez une feuille de papier sur laquelle vous avez tracé des lignes et scotchez-la sur votre machine, à droite de l'aiguille.
Lors de l'assemblage, il faut absolument terminer vos coutures par un point d'arrêt à chaque extrémité. Il s'agit d'effectuer un aller-retour sur 3 ou 4 points afin de consolider la couture. En effet, lorsque vous coupez les fils, le point d'arrêt permet de retenir et fixer l'assemblage. Après avoir retourné votre ouvrage, repassez-le.

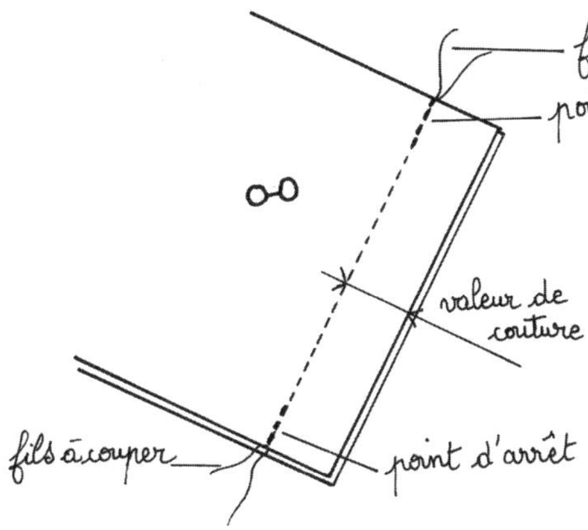

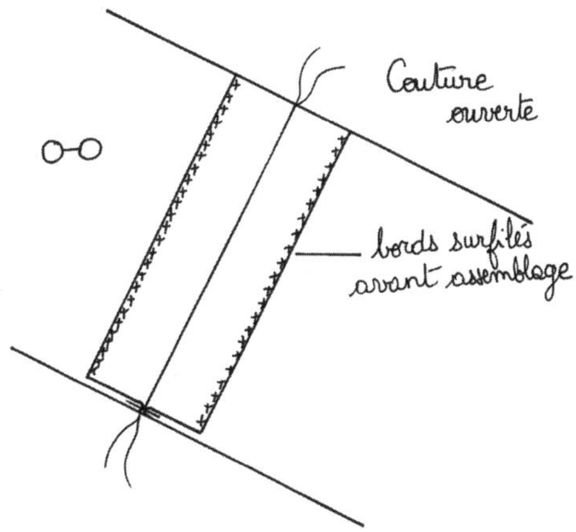

C. LE REPASSAGE

Cette opération est indispensable pour un ouvrage de qualité. Faites l'expérience de ne repasser après aucune des opérations et vous verrez la différence de qualité du produit fini.
En général :
– si vous surfilez vos pièces avant l'assemblage, vous pouvez repasser couture ouverte, ce qui donne moins d'épaisseur ;
– si vous surfilez vos pièces après l'assemblage, c'est-à-dire en une fois, vous repassez couture couchée.

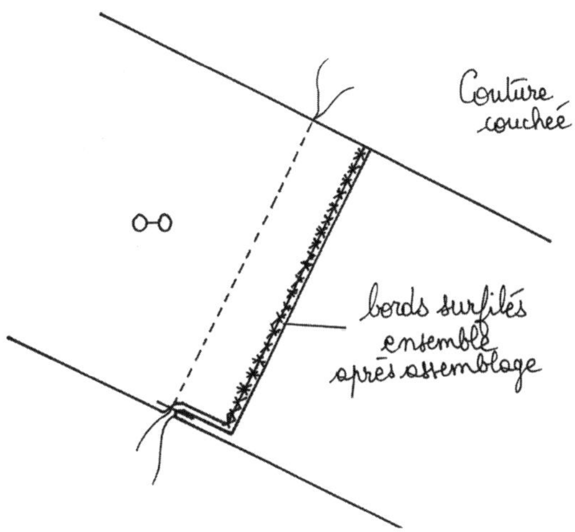

D. ASSEMBLAGES DIVERS

Pose d'une fermeture à glissière

L'idéal est de bâtir au préalable la fermeture pour éviter d'éventuels décalages de couture. Si vous ne bâtissez pas, épinglez à plusieurs endroits.
Il existe différentes méthodes de montage. Tout dépend de si vous souhaitez faire apparaître les maillons ou pas. J'utilise deux méthodes, selon le tissu, l'emplacement de la fermeture...
– Première méthode : assemblez la fermeture fermée sur un bord du tissu, endroit contre endroit, avec le pied presseur adapté (pied à 1 branche). Puis assemblez le deuxième côté de la fermeture à glissière sur le bord opposé du tissu, endroit contre endroit. Vous pouvez, après avoir repassé, surpiquer de chaque côté de la fermeture sur l'endroit pour maintenir le tissu en place afin qu'il ne gêne pas la montée et la descente de la fermeture.
– Deuxième méthode : épinglez la fermeture à glissière fermée directement en place sur le tissu, coutures ouvertes et repassées. Assemblez en surpiquant directement sur l'endroit au bord des maillons.
Pour les deux méthodes, commencez à piquer par le bas de la fermeture. Quand vous arrivez au niveau de la tirette (ou curseur), laissez l'aiguille plantée, levez le pied presseur, ouvrez la fermeture vers l'arrière de l'aiguille, rabaissez le pied presseur et continuez à piquer.

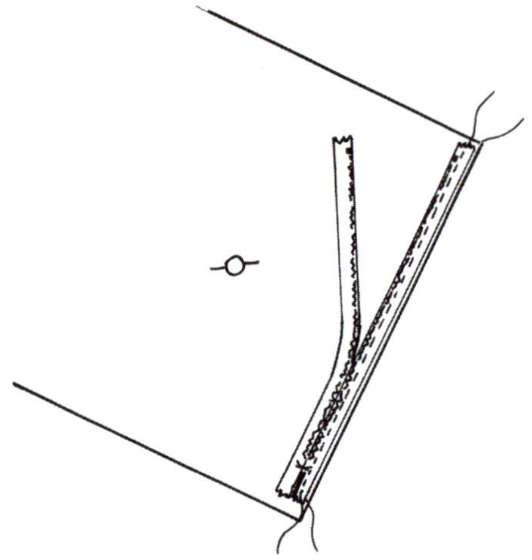

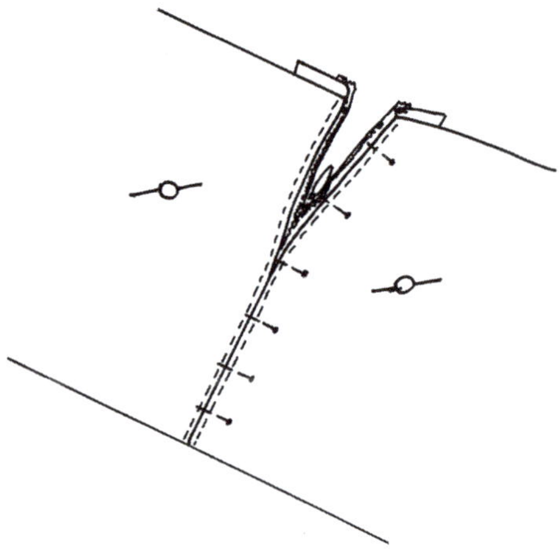

Les boutonnières

La plupart des machines à coudre font les boutonnières de manière automatique. Selon la machine, la boutonnière est réalisée en 1, 2 ou 4 étapes. Un pied presseur spécial est utilisé et il faut faire des essais avec le bon tissu et une épaisseur identique à la réalisation finale pour être sûre du rendu. Marquez au crayon à tissu le départ et la fin de la boutonnière.
Pour la longueur de la boutonnière :
– soit votre machine est équipée d'un écarteur où placer le bouton afin qu'elle la calcule automatiquement ;

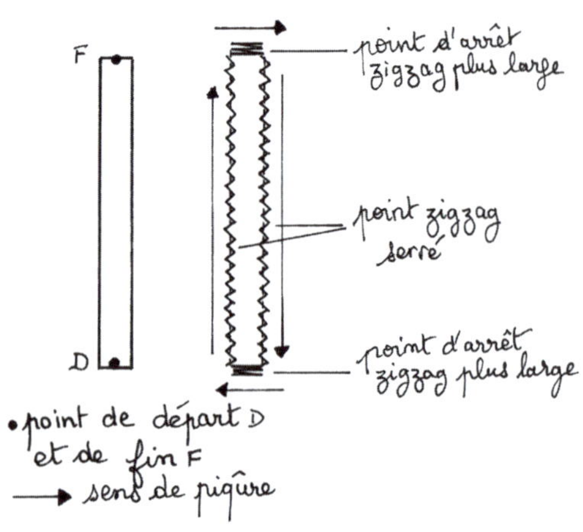

– soit vous devez la calculer : la longueur de la fente est égale au diamètre du bouton augmenté de son épaisseur. Pour un bouton de 20 mm de diamètre et 3 mm d'épaisseur, la fente de la boutonnière doit faire 20 + 3 = 23 mm. C'est l'intérieur de la boutonnière et cela ne tient pas compte de la largeur des points d'arrêt.

Les ourlets

L'ourlet simple consiste à surfiler et plier, puis piquer sous le surfil, comme sur le schéma.

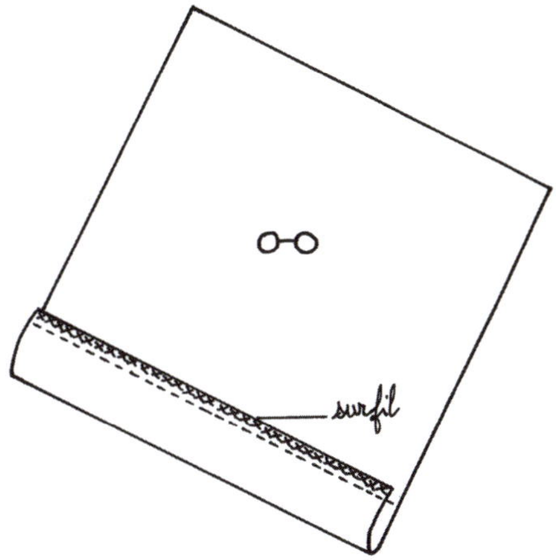

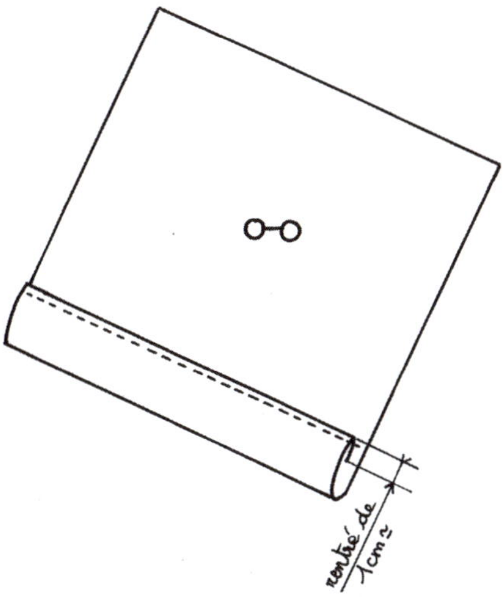

Pour l'ourlet avec rentré, on plie sur 1 cm, puis encore sur 1 cm ou plus et on pique à 1 mm du bord.

QUELQUES POINTS DE BRODERIE

Tous les points de broderie s'effectuent avec des aiguilles à broder, à bout pointu ou à bout rond selon la toile. Il existe différents fils pour la broderie ; ici, j'ai principalement utilisé du fil de coton mouliné à 6 brins et du fil de coton perlé.

Le point avant

Le point avant est un point de broderie couramment utilisé pour effectuer des contours de forme, des appliqués à la main.

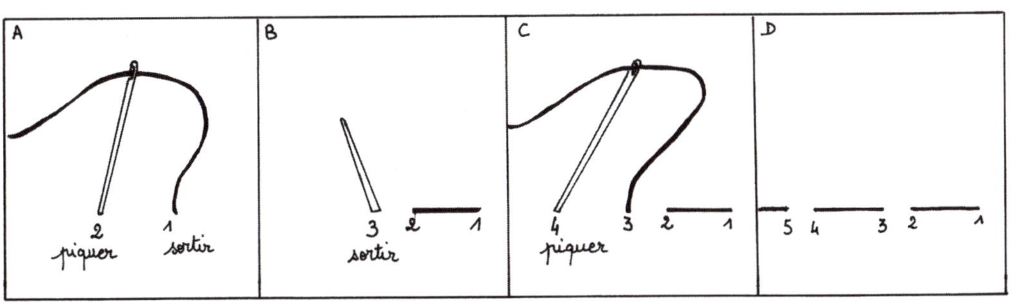

A. Sortez sur l'endroit en 1, puis piquez en 2 selon la longueur de point désirée.
B. Sortez en 3, en laissant un écartement plus ou moins important entre les deux points.
C. Piquez en 4 en respectant la longueur de point obtenue précédemment.
D. La régularité des points et de leur espacement permet d'obtenir un résultat soigné.

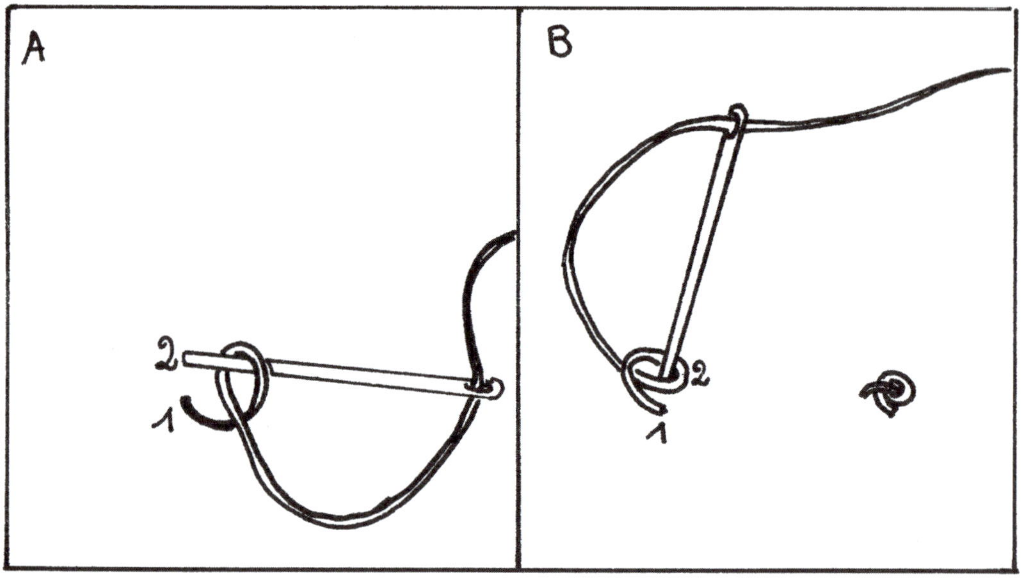

Le point de nœud

Le point de nœud est utilisé pour former des petites boules en relief imitant souvent des fleurs, des yeux... Ici, il est utilisé pour représenter la neige sur les étiquettes météo et la carte arbre « Hiver ».

A. Sortez en 1, enroulez le fil autour de l'extrémité de l'aiguille et piquez en 2, qui doit être très proche de 1.

B. Placez l'aiguille perpendiculairement au tissu et tirez délicatement le fil autour de l'aiguille. Maintenez le fil tout en sortant l'aiguille en dessous. Si vous souhaitez faire des nœuds plus gros, enroulez le fil 2 fois autour de l'aiguille à l'étape A.

QUELQUES CONSEILS EN VRAC

– Effectuez toujours des points d'arrêt en début et en fin de couture, sur 3 à 4 points (environ 0,75 cm à 1 cm).
– Respectez les valeurs de couture (qui sont en général de 1 cm, sauf si indication contraire) en vous aidant d'un guide ou d'un repère sur votre machine afin que l'aiguille soit toujours à la même distance du bord du tissu.
– Coupez les fils de début et de fin de couture à ras pour un ouvrage plus propre.
– N'hésitez pas à faire un essai de points sur le tissu : longueur de point, réglage de la tension...

Repasser après toutes les opérations permet d'obtenir un résultat final soigné et beaucoup plus régulier.

LES OUTILS NÉCESSAIRES

Pour la coupe

– Des ciseaux de couture exclusivement pour le tissu, car la coupe du papier altère les lames.
– Des ciseaux à papier

Pour les tracés

– Un crayon à papier fin ou un portemine
– Un crayon à tissu effaçable à l'eau ou à la vapeur
– Une craie de tailleur
– Une règle japonaise si possible
– Un réglet métallique

Pour la fabrication

– Une machine à coudre
– Une boîte d'épingles en acier fines et une boîte aimantée
– Un dé à coudre
– Un coupe-fil
– Un fer à repasser
– Des aiguilles à coudre, à broder
– Du fil à coudre, à broder... assorti

LA SÉCURITÉ DES OBJETS À USAGE NON COMMERCIAL

Les articles présentés dans cet ouvrage doivent être utilisés dans un cadre familial ou professionnel et sous la surveillance d'un adulte ou d'une personne responsable de l'enfant.
Ils ne doivent en aucun cas faire l'objet de commerce. Je préconise pour chacun des articles une confection des plus précises et solides. Une attention toute particulière doit être apportée aux finitions et aux points d'arrêt de couture.

RECOMMANDATIONS POUR LA FABRICATION

Chacun est responsable de sa propre confection et du choix des matériaux utilisés. C'est pourquoi je conseille l'utilisation de matières naturelles, biologiques ou Oeko-Tex, car tout article dédié à un enfant risque d'être mis à la bouche, même si ce n'est pas son objectif principal.
Les risques d'étouffement ou d'absorption de corps étrangers sont à prendre en compte. C'est pourquoi la laine cardée et l'ouate ne doivent pas ressortir des coutures. Tout bouton, grelot, petit élément de décoration doit être cousu solidement et vérifié régulièrement après utilisation et lavage.

CONSEILS POUR LE CHOIX DES MATIÈRES

Le choix du tissu doit être réfléchi, d'une part pour faciliter la confection et d'autre part pour la sécurité de l'enfant : certains objets destinés aux bébés, ou plutôt aux non-marcheurs, notamment les balles, risquent d'être mis à la bouche et il faut donc pouvoir s'assurer que le tissu utilisé ne présente aucun risque. L'idéal est de privilégier du coton biologique labellisé Oeko-Tex ou GOTS si possible. Le coton est dans tous les cas la matière la plus appropriée, notamment pour l'entretien.
Il est possible de choisir un coton de type popeline ou un mélange coton-lin, de la percale et même du jersey de coton. Si le tissu est trop épais, vous aurez du mal à obtenir des coins nets et le rembourrage ne sera pas forcément esthétique.
En ce qui concerne la garniture ou le rembourrage, le mieux est de choisir une fibre de qualité comme de la laine cardée naturelle ou du coton biologique de rembourrage, qui sont très agréables à travailler, dont le rendu est très appréciable et surtout qui ne présentent aucun risque de toxicité pour l'enfant. J'utilise en général de la pure laine vierge cardée naturelle biologique, qui est employée pour le remplissage de poupées ou autres. Cette laine bénéficie du label Oeko-Tex standard 100, produit de classe 1 *baby*, garantissant qu'elle ne contient aucun produit toxique.

La balle de préhension

Donnée par les Japonais aux bébés comme porte-bonheur, appelée *Amish ball* aux États-Unis, cette balle-puzzle est un article phare de la pédagogie Montessori.

COMPOSITION

La balle de préhension est composée de 12 coussinets en forme de pétale ou de feuille, assemblés afin de former une balle que l'enfant va pouvoir attraper facilement, contrairement à une balle ronde et lisse. Ces coussinets alternent tissu uni et tissu imprimé afin d'avoir un visuel attrayant. Ils sont rembourrés avec de l'ouate ou de la laine cardée. Le rembourrage ne doit être ni trop mou ni trop ferme.

OBJECTIFS

La balle suspendue dans un premier temps permet à l'enfant de coordonner les jambes et les mains pour l'attraper quand il se trouve sur le dos.
Elle améliore la coordination œil-main, puisque la balle est facilement préhensible par ses creux et bosses. À 4 à 5 mois, la préhension est volontaire mais toujours cubito-palmaire ou globale (entre la paume et les 3 derniers doigts de la main) et donc imprécise.
Elle développe les différents sens : vue, toucher, ouïe (si l'on intègre des grelots), et elle encourage l'enfant à atteindre l'objet sans le mettre en situation d'échec, puisqu'elle roule peu et reste à sa portée.

À QUEL ÂGE LA PRÉSENTER ?

La balle de préhension est présentée à l'enfant à partir de 3 à 4 mois, tout d'abord suspendue, avec ou sans grelot, à 30 à 35 cm du visage tant que l'enfant reste couché. Puis, quand l'enfant commence à se retourner et à ramper en arrière et en avant, proposez la balle sur le matelas près de lui. Quand il fera du quatre-pattes, il la poussera et sera motivé à la suivre car elle roule lentement.

VARIANTES

La taille classique de la balle de préhension est de 15 cm de diamètre environ pour que les petites mains puissent bien l'attraper. Il est possible de faire des diamètres plus ou moins grands pour que les enfants même marcheurs l'utilisent. En effet, je me suis rendu compte qu'à partir du moment où les enfants marchent, ils se redirigent vers cette balle attrayante pour la lancer et essayer de la rattraper. Les plus grands (2 ans et demi à 3 ans) amorcent des échanges de passes et sont moins dans l'échec au rattrapage, qui est facilité par les creux et bosses formant des poignées.

FOURNITURES

- Tissu uni : 100 cm × 20 cm
- Tissu imprimé : 50 cm × 20 cm
- Laine cardée, ouate de rembourrage
- 1 grelot [facultatif]
- Si vous souhaitez suspendre la balle : 1 galon ou ruban assorti de 300 cm de long et 2 à 2,5 cm de large [la longueur variera en fonction de votre système d'accrochage], 50 cm d'élastique de 2 à 2,5 cm de large, 1 bouton assorti.
- Choisissez un tissu imprimé à petits motifs car l'ellipse n'est pas très grande ; avec de gros motifs, le rendu ne serait pas très esthétique. Découpez toujours une ellipse afin de vous rendre compte. En fonction du diamètre de la balle, le choix sera différent.

A PRÉPARATION DES 3 GABARITS DE COUPE

Tracez 2 cercles de 15 cm de diamètre sur du carton fort ; ils serviront de gabarits pour couper le tissu. La régularité des tracés et des découpes est importante, la minutie permet d'obtenir une balle harmonieuse dans ses proportions. Il faut indiquer le droit-fil sur votre gabarit [il sera ensuite tracé sur le tissu, pour éviter toute déformation].

Gabarit n° 1

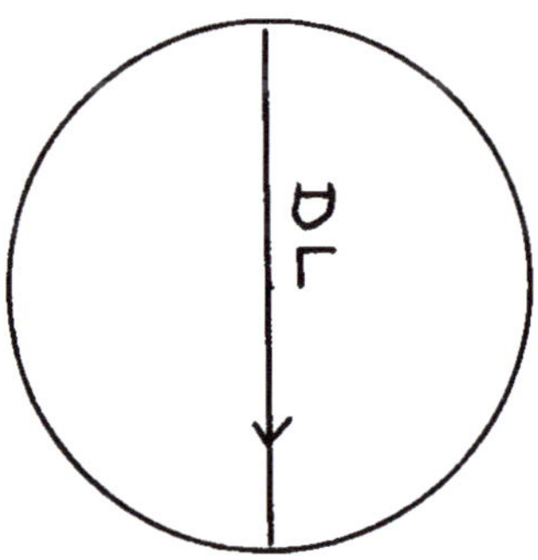

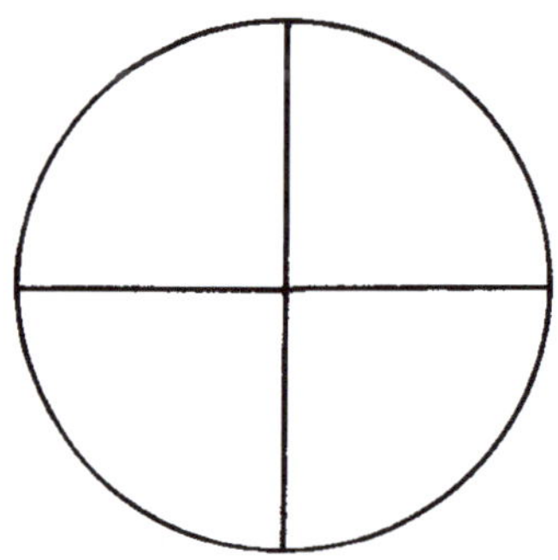

Le deuxième disque doit être coupé en deux, puis en quartiers.

Gabarit n° 2

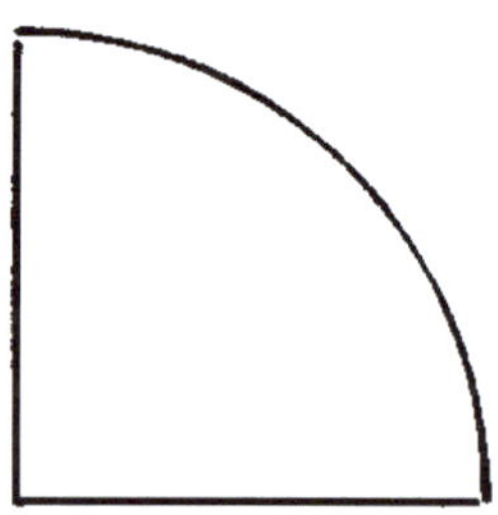

Conservez un quartier comme sur le schéma ci-contre.

Sur un deuxième quartier, reportez l'arrondi comme ceci.

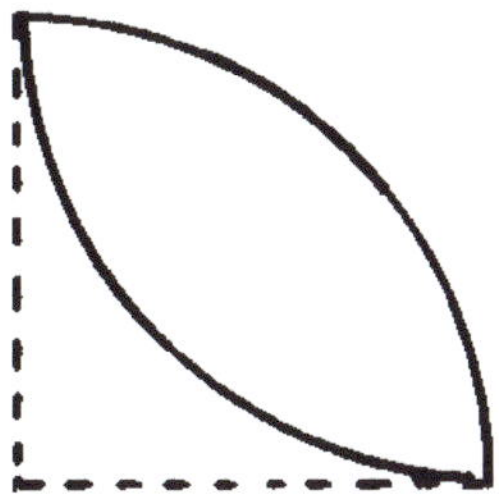

Gabarit n° 3

On obtient une forme de feuille ou une ellipse avec des pointes.

B COUPE

1. Dans le tissu uni, coupez 6 disques avec le gabarit n° 1, puis recoupez-les avec le gabarit n° 2 de façon à obtenir 24 quartiers unis. Il faut indiquer le droit-fil et le tracer sur le tissu au moment de la coupe afin de le conserver.
2. Dans le tissu imprimé, coupez 3 disques avec le gabarit n° 1, recoupez-les également avec le gabarit n° 2, puis coupez-les selon le gabarit n° 3 de façon à obtenir 12 feuilles imprimées. Si vous pensez pouvoir couper de façon régulière, tracez directement 12 feuilles sur le tissu, en sachant par expérience que commencer par un disque permet d'avoir des arrondis plus harmonieux.

Pourquoi couper avec des gabarits ?
Le fait de couper avec des gabarits vous permettra d'obtenir des formes justes, identiques et donc un résultat final homogène. Utiliser des patrons vous assurera un travail précis et de qualité.

C FABRICATION DES COUSSINETS

1. Assemblez 1 quartier uni avec 1 feuille, endroit contre endroit, arrondi contre arrondi. Piquez à 5 mm du bord arrondi, en commençant à 5 mm au départ et en vous arrêtant à 5 mm du bord. Le départ et la fin de couture peuvent être indiqués par un point au crayon à papier ou à la craie de tailleur pour faciliter le piquage. N'oubliez pas d'effectuer un point d'arrêt en début et fin de couture pour la solidité.
2. Positionnez un deuxième quartier uni sur le bord opposé de la feuille et piquez comme précédemment.

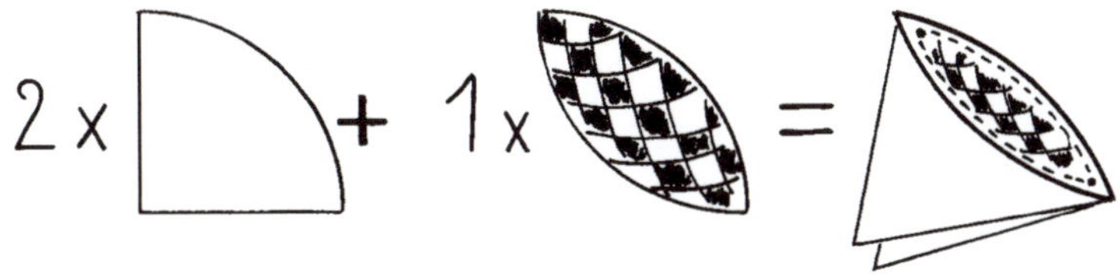

3. Cousez ensuite les deux quartiers ensemble, endroit contre endroit, en vous arrêtant à 3 cm de la pointe afin de laisser une ouverture pour retourner le coussinet.
4. Retournez le coussinet sur l'endroit et faites ressortir les pointes délicatement avec une pointe de crayon ou une baguette de bois (de type baguette chinoise). N'utilisez surtout pas une pointe de ciseaux ou un découd-vite, pour ne pas traverser le tissu. Travaillez les coutures en effectuant un roulé avec les doigts pour que le résultat soit net et pour éviter les coutures « rentrées ».
5. Rembourrez de laine cardée (ou d'ouate), en vous aidant de la baguette de bois pour bien répartir la laine dans les angles.
6. Refermez l'ouverture à la main, en prenant soin de rentrer 5 mm de valeur de couture. Le coussinet est terminé.
7. Répétez l'opération de façon à obtenir 12 coussinets.

ASTUCE

Pour gagner du temps et être plus fonctionnel, l'idéal est de faire les 12 coussinets à chaque étape.
1. Coupez d'abord tous les disques.
2. Coupez les disques de tissu uni en quartiers et les disques de tissu imprimé en feuilles.
3. Cousez tous les coussinets à la machine.
4. Retournez les 12 coussinets.
5. Rembourrez les 12 coussinets.
6. Fermez à la main les 12 coussinets.

Les étapes 4 à 6 peuvent être effectuées tranquillement dans un fauteuil au coin du feu avec une bonne tasse de thé, ou devant la télévision, suivant les affinités. Ces étapes nécessitent peu de matériel et de concentration, vous pouvez donc les réaliser en papotant sans risquer de vous tromper...

D ASSEMBLAGE

1. Assemblez 4 coussinets par la pointe et la base, c'est-à-dire là où vous avez fermé les pointes à la main, de façon à former une fleur à 4 pétales.

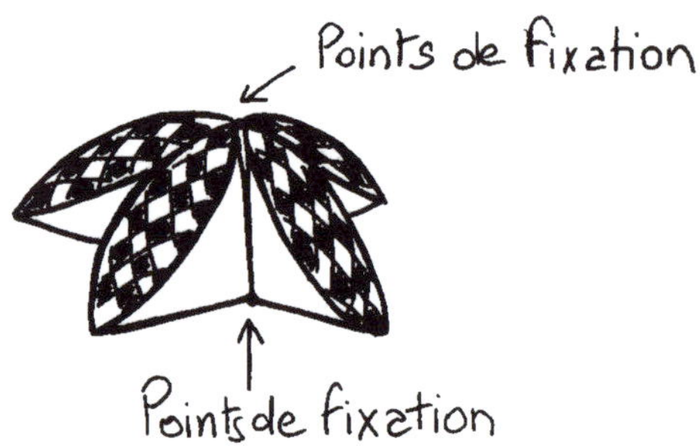

2. Répétez l'opération avec 4 autres coussinets ; vous obtenez 2 jolies fleurs à 4 pétales.

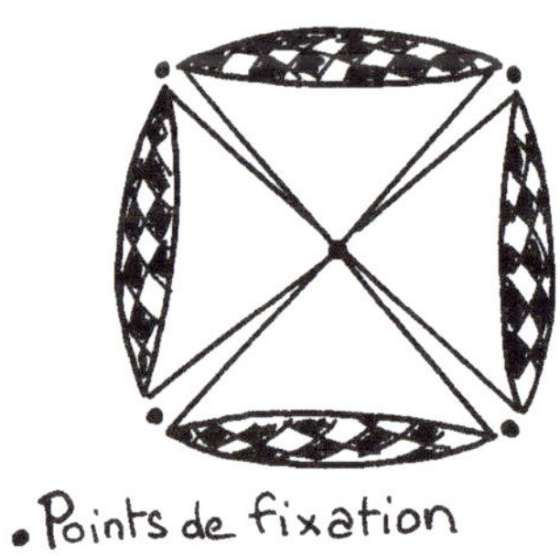

3. Assemblez les 4 derniers coussinets les uns à côté des autres. Puis assemblez leurs pointes et la fin du chapelet, et vous obtiendrez un disque de coussinets comme sur le schéma ci-contre.

4. Positionnez une fleur sur ce disque et assemblez les 4 pointes à la main, en faisant coïncider les angles le plus précisément possible. Puis positionnez la deuxième fleur de la même façon sur l'autre face. Pour tous ces assemblages à la main, utilisez un dé car les coutures dans les angles sont épaisses en général, et surtout n'hésitez pas à renforcer votre couture en passant au moins 5 à 6 fois au même endroit. La solidité des finitions est primordiale pour que la balle soit sans danger pour l'enfant. Vous pouvez également utiliser du fil en coton mouliné ou perlé pour donner du relief au niveau des assemblages des pointes.

E CONFECTION DU RUBAN POUR LA BALLE SUSPENDUE

1. Coupez 50 cm de ruban. À une des extrémités, faites un ourlet de 2 cm sur 2 cm.
2. Créez la boutonnière correspondant au diamètre du bouton à cette extrémité.
3. Pliez l'élastique en deux, puis assemblez l'extrémité du ruban sans boutonnière avec l'élastique, du côté des bords coupés. Piquez une croix au point droit pour renforcer l'assemblage, comme sur le croquis ci-dessous.

Vue en coupe

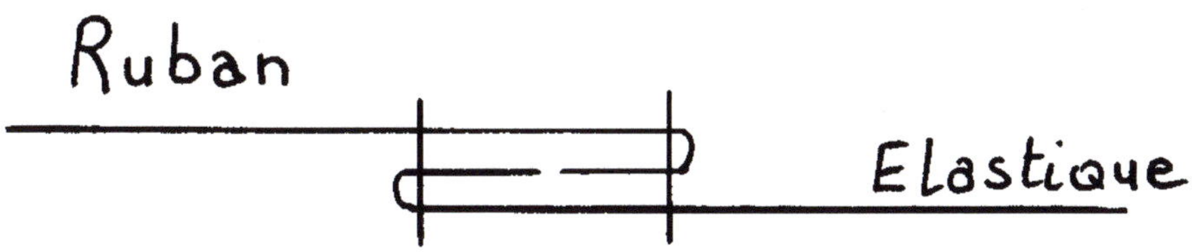

Vue de dessus

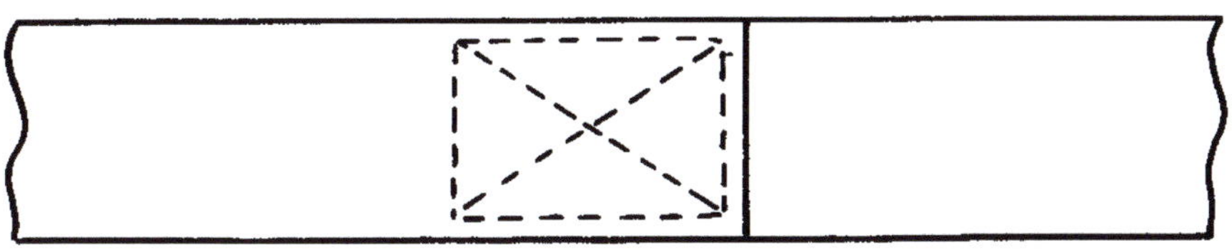

4. Cousez le bouton sur la croix.
5. Passez le reste du ruban (environ 250 cm) dans la boucle de l'élastique et assemblez-le avec une croix de renfort également.
6. Vous n'avez plus qu'à passer l'extrémité du ruban-boutonnière dans une fleur de votre balle et à boutonner.

Votre balle peut être suspendue.

Les coussins sensoriels

Montessori

COMPOSITION

Les coussins sensoriels ou tactiles sont des carrés d'environ 9 cm × 9 cm, tous de la même dimension. Il y a différentes possibilités, suivant l'objectif recherché.

1. Des coussins, garnis d'ouate, dont l'extérieur est fabriqué avec des matières différentes au toucher et visuellement (jean, velours, feutrine, toile de jute, enduit, éponge...).
2. Des coussins, tous garnis de façon identique, de matières différentes comme précédemment et fabriqués en double afin d'effectuer la mise en paires.
3. Des coussins tous identiques (même matière, même couleur) et garnis différemment : avec des pâtes, du sable, des pois chiches, des perles, du riz, de la semoule.
4. Des coussins garnis avec des senteurs telles que des plantes séchées (lavande, thym, menthe, tilleul) ou des épices (anis, cannelle), fabriqués avec des matières différentes selon les senteurs.

Si vous souhaitez faire des paires avec les coussins 3 et 4, vous avez la possibilité de grader la difficulté en fonction de l'âge de l'enfant. Soit vous faites des paires avec 1 senteur = 1 tissu, soit vous faites un jeu où toutes les senteurs sont fabriquées dans un tissu et le double de la paire dans un deuxième tissu. Attention au degré de difficulté afin de ne pas mettre l'enfant face à l'échec.

OBJECTIFS

Les coussins sensoriels sont utilisés dans la pédagogie Montessori pour développer le sens tactile. Mais il est possible aussi de développer le sens olfactif en faisant découvrir des senteurs, si on les garnit de végétaux séchés et d'épices. Pour avoir des densités très diverses, vous pouvez également les garnir de pâtes, riz, lentilles, sable, ouate... Les coussins font appel au sens visuel pour repérer les couleurs et effectuer la mise en paires. Pour conclure, la manipulation de ces coussins développe également le langage si l'on nomme une sensation et la matière. Ces coussins sont donc une véritable richesse pour l'enfant dès 9 à 12 mois et jusqu'à 5 à 6 ans.

À QUEL ÂGE LES PRÉSENTER ?

Dès que l'enfant se tient assis seul, on peut lui proposer quelques coussins, environ 3 à 4 à la fois, afin qu'il découvre les sensations graduellement. Puis on peut les changer quand l'intérêt décroît.

Vers 15 à 18 mois, l'enfant va découvrir les coussins au sol sur un tapis pour délimiter l'espace. Vous pouvez les mettre dans un sac fermé par un lien (comme les sacs stéréognostiques, voir page 74) ou les disposer sur un plateau. On invite l'enfant à « caresser » délicatement le coussin

"L'enfant a besoin
d'objets pour agir,
ils sont comme un
aliment pour son esprit."

en passant sa main de gauche à droite et à nommer son ressenti : doux, rugueux, lisse, froid, moelleux, rêche... Il est possible de lui proposer les coussins en paires, même si ce n'est pas le but premier. De lui-même, en les manipulant, il les associera de façon visuelle en les tenant dans ses mains, la période de l'ordre étant à son apogée.
Plus tard, vers 2 ans et demi, l'enfant pourra nommer les matières en plus des sensations. On introduira le vocabulaire des tissus utilisés : coton, velours, éponge, lainage, cuir, satin... La mise en paires peut s'effectuer sur le tapis en les mettant côte à côte, de gauche à droite et de haut en bas, puis il est possible de proposer de reconnaître les matières les yeux bandés (ou les yeux fermés).
On peut fabriquer 2 sacs, comme pour les sacs stéréognostiques, avec les mêmes coussins dans chaque. On sort un coussin d'un sac et on demande à l'enfant de sortir le même de son sac juste en le touchant, sans le regarder. Cette variante est plutôt proposée vers 3 ans.

FOURNITURES

- Chutes de tissu de différentes textures et de différents coloris
- Toile de coton épaisse
- Laine cardée
- Garnitures diverses : riz, pois chiches, lavande...

A COUPE

1. Coupez des rectangles de tissu de 20 cm × 11 cm dans différentes matières, en double (garniture laine cardée).
2. Coupez des rectangles de tissu de 19 cm × 10,5 cm dans la toile épaisse (garnitures diverses).

B FABRICATION

Pour fabriquer des coussins garnis de laine cardée, quelle que soit leur matière.

1. Pliez en deux le rectangle dans le sens de la hauteur.
Vous obtenez un rectangle de 10 cm × 11 cm.
2. Assemblez à 1 cm du bord et piquez comme indiqué sur le schéma, en laissant une ouverture de 3 cm et en effectuant des points d'arrêt de chaque côté de l'ouverture.
3. Dégarnissez les angles.
4. Retournez par l'ouverture et repassez.
5. Garnissez de laine cardée.
6. Fermez l'ouverture à la main.

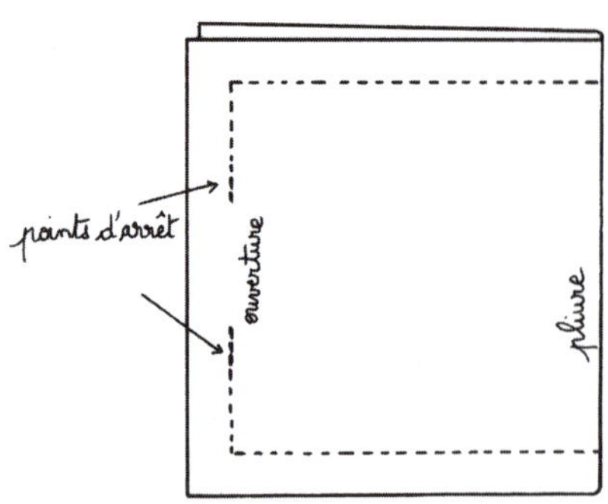

Pour fabriquer des coussins garnis d'éléments plus lourds ou risquant d'être ingérés, fabriquez d'abord un coussin avec la garniture, puis un deuxième qui l'enveloppera comme une housse, pour plus de sécurité.

1. Fabriquez un coussin dans la toile épaisse de la même manière que précédemment (étapes 1 à 4), avec un rectangle de tissu de 19 cm × 10,5 cm.
2. Remplissez le coussin avec la garniture choisie (lentilles, perles, semoule...), en utilisant un petit entonnoir ou une feuille de papier rigide roulée en cône pour la déposer plus facilement. Ne remplissez le coussin qu'à moitié environ.
3. Refermez l'ouverture par une surpiqûre machine, en effectuant un aller-retour pour plus de solidité, ou fermez à la main, à petits points très serrés.
4. Fabriquez ensuite un coussin avec un rectangle de tissu de votre choix de 20 cm × 11 cm (étapes 1 à 4), mais en laissant un côté totalement ouvert afin de pouvoir y glisser le coussin garni plus facilement.
5. Refermez l'ouverture à la main après avoir glissé le coussin dedans.

Montessori

Le topponcino

Le topponcino est un matelas souple adapté essentiellement à la période symbiotique (8 semaines) mais qui s'utilise bien au-delà. Il est en coton biologique de préférence.

Maria Montessori en parle dans son livre *Éducation pour un monde nouveau*. Ce matelas que l'on conserve sous l'enfant quand on le porte, quand on le pose sur son tapis, quand on l'allaite, permet de créer une sécurité affective constante et rassurante pour le bébé. Les points de pression sont toujours les mêmes et le rassurent par une température quasi identique. Cela permet de coucher l'enfant plus facilement sans le réveiller et de le déplacer en faisant glisser le topponcino délicatement. L'idéal est d'avoir 2 voire 3 housses différentes, pour pouvoir les laver régulièrement.

COMPOSITION

– 1 matelas molletonné avec housse fixe
– 1 enveloppe déhoussable (housse lavable)

FOURNITURES

• Ouate ou molleton biologique : 2 morceaux de 70 cm × 40 cm et 1 cm d'épaisseur (ou 1 morceau de 70 cm × 40 cm et 2 cm d'épaisseur)
• Coton biologique :
- 50 cm × 150 cm pour la housse fixe du matelas (enveloppe du molleton)
- 45 cm × 100 cm pour le dessous de la housse lavable
- 45 cm × 80 cm pour le dessus de la housse lavable

A FABRICATION DU MATELAS

1. Coupez 1 ou 2 morceaux de molleton, suivant l'épaisseur choisie, d'après le patron du matelas page 34.
2. Si vous optez pour 2 épaisseurs, assemblez-les à grands points main d'après les repères sur le schéma, avec du fil de coton épais (coton perlé, mouliné ou à repriser).

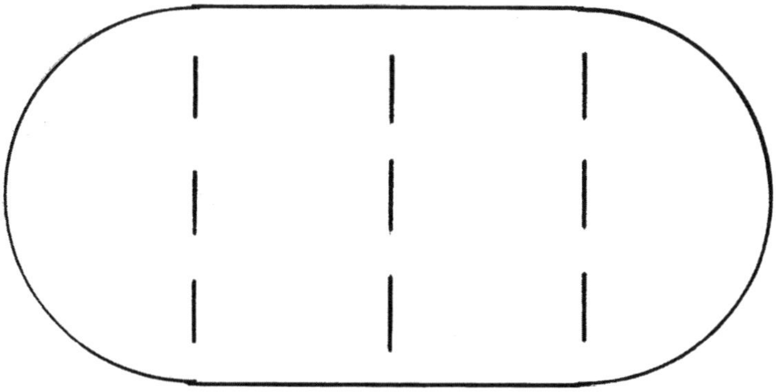

3. Coupez la housse du matelas d'après le patron que vous avez tracé au préalable.
4. Assemblez endroit contre endroit les deux parties, en laissant une ouverture de 25 cm comme indiqué pour retourner la housse.
5. Repassez de façon à avoir des arrondis harmonieux.
6. Insérez le matelas en molleton par l'ouverture, en le répartissant bien dans la housse.
7. Fermez l'ouverture au point invisible.
8. Cousez des croix à la main avec du coton perlé aux endroits indiqués sur le patron pour maintenir toutes les épaisseurs ensemble et créer ainsi le « bombé » du matelas.

Afin de coudre des croix régulières, gardez l'aiguille perpendiculaire au tissu pour traverser les épaisseurs.
Le nœud de l'aiguillée fait au départ doit être dissimulé dans le molleton en tirant un petit coup sec sur le fil.
On pique sur l'envers du matelas, on sort en **a** et on repique en **b**. On tire légèrement pour créer un effet d'ouatinage, puis on continue de la même façon en ressortant en **c** et en repiquant en **d** ... jusqu'à faire un nœud de fin sur l'envers du matelas en **h**.

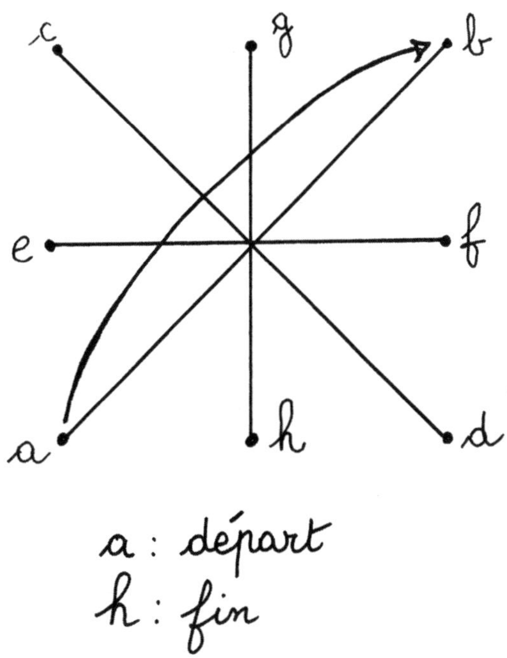

B FABRICATION DE L'ENVELOPPE DÉHOUSSABLE

1. Coupez les 3 parties de la housse à l'aide des patrons :
– 1 partie entière pour le dessus ;
– pour le dessous : 2 demi-parties qui se chevaucheront, avec une ouverture pour retirer la housse.
2. Surfilez les bords du dessus et des dessous, sauf là où il y aura l'ourlet (partie droite).
3. Piquez les ourlets des 2 parties du dessous en rentrant 1 cm sur 1 cm. Si vous avez une machine qui fait des points fantaisie, profitez-en pour personnaliser les bords. Vous pouvez également ôter les 2 cm d'ourlet prévus si vous préférez y mettre un biais.
4. Assemblez les 2 demi-parties sur les bords comme indiqué sur le schéma en **M**, à 5 mm du bord, pour les maintenir face à face, envers contre endroit.

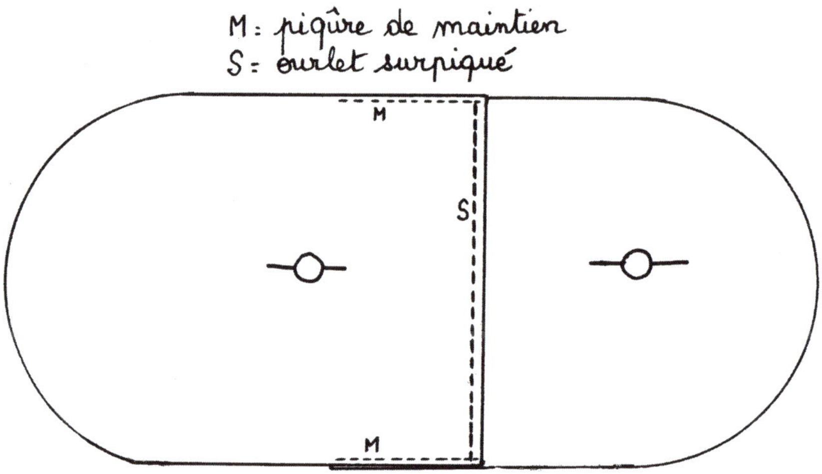

Vue de dessus

Vue en coupe

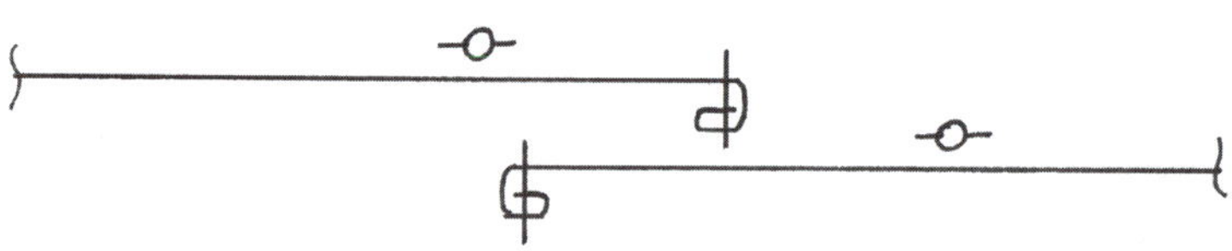

5. Assemblez ensuite endroit contre endroit le dessus et le dessous de la housse, en piquant à 1 cm tout autour. Faites coïncider les crans de montage afin que les arrondis soient bien juxtaposés ; épinglez-les à plusieurs endroits.
6. Retournez par l'ouverture du dessous.
7. Repassez.

Tracé du patron du matelas et de l'enveloppe déhoussable

A PATRON DU MOLLETON

1. Tracez un carré de 38 cm de côté (**ABCD**) et son milieu, l'axe de symétrie.
2. Tracez un rectangle partant d'un côté du carré et ayant pour largeur 15 cm (**ADEF**).
3. Sur la droite **AD**, placez le point **a** à 15 cm de **A** et le point **d** à 15 cm de **D**.
4. Tracez un arc de cercle ayant pour centre a et un arc de cercle ayant pour centre d. Ces arcs de cercle rejoignent la droite **EF**.
5. Répétez les tracés des étapes 2 à 4 de l'autre côté du carré, ou pliez sur l'axe de symétrie et reportez par transparence avec une roulette à patron. Vous obtenez le patron de coupe du molleton.

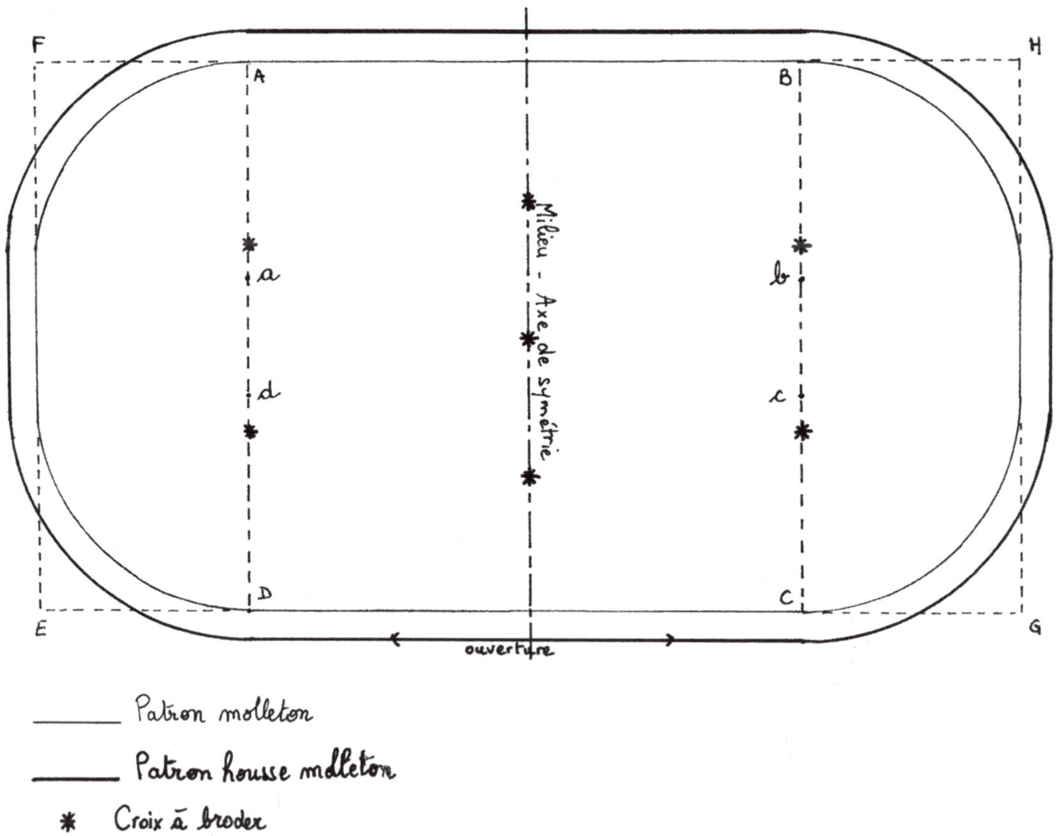

B PATRON DE LA HOUSSE FIXE DU MOLLETON

1. Reprenez le patron du molleton. Coupez-le le long de l'axe de symétrie.
2. Ajoutez 0,75 cm tout autour pour l'aisance et 1 cm de marge de couture, sauf du côté de l'axe de symétrie.
3. Pliez sur l'axe de symétrie et reportez par transparence pour obtenir le patron entier de la housse.

C PATRON DE L'ENVELOPPE DÉHOUSSABLE

1. Reprenez le patron de la housse fixe du molleton. Ajoutez 0,5 cm d'aisance tout autour, sauf du côté de l'axe de symétrie.

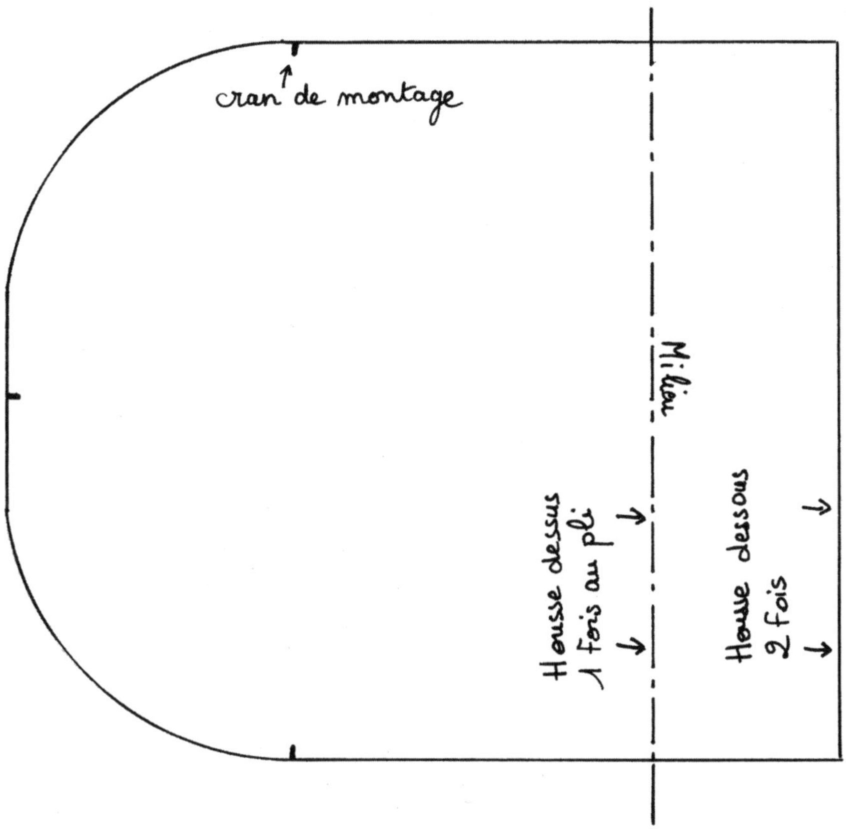

2. Pour le dessus de la housse, le patron sera au pli.

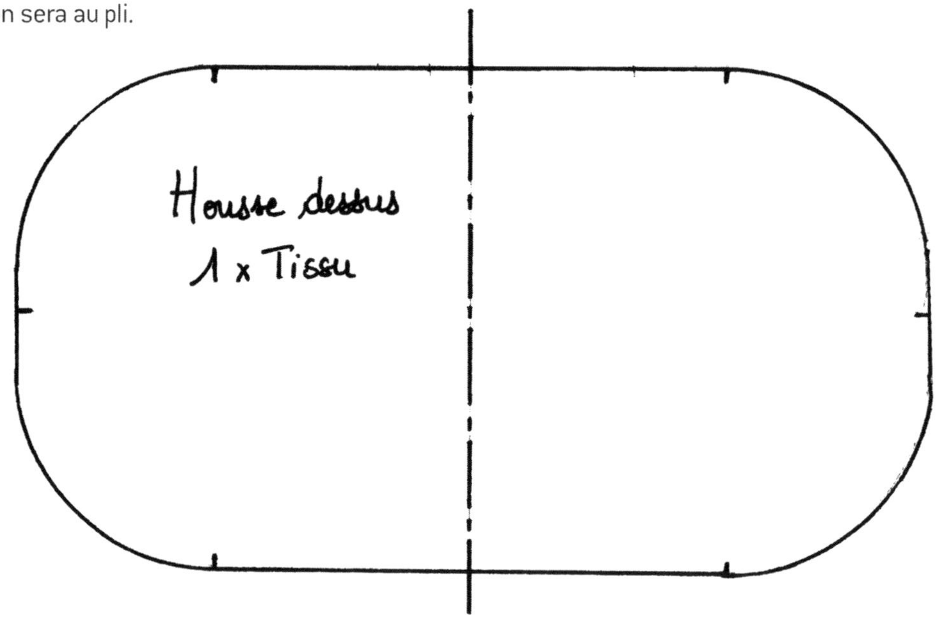

3. Pour les dessous de la housse, ajoutez 10 cm à partir de l'axe de symétrie. Le chevauchement des 2 dessous sera ouvert de façon à pouvoir insérer le matelas molletonné dans la housse.

4. N'oubliez pas les crans de montage indiqués sur les schémas.

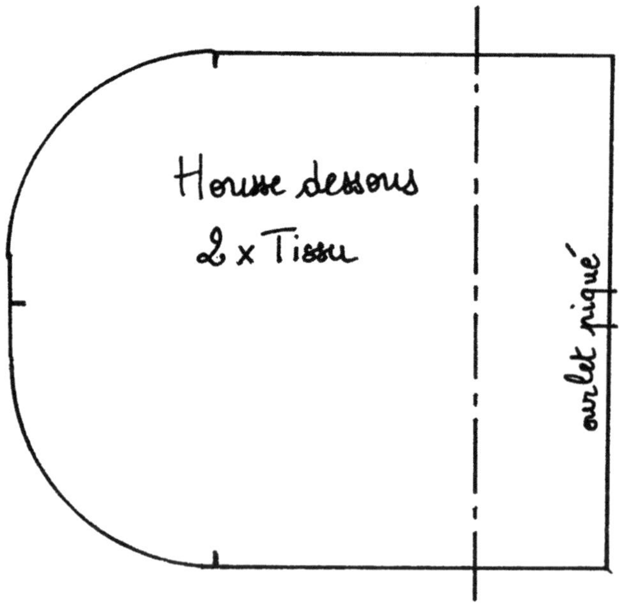

La pentaballe multitexture

INSPIRATION MONTESSORI

Une balle ou plutôt un rouleau pentagonal pour une découverte sensorielle.

COMPOSITION

La balle dénommée ici « pentaballe » est garnie d'ouate ou de laine cardée et d'une housse amovible avec fermeture à glissière. Ainsi on peut laver la housse et aussi la changer selon l'intérêt de l'enfant, en prévoyant des housses différentes. Le rembourrage ne doit être ni trop mou ni trop ferme.

OBJECTIFS

Elle contribue à développer la vue et le toucher en donnant accès aux différentes textures qui la composent et elle encourage l'enfant à atteindre l'objet sans le mettre en situation d'échec, puisque la balle roule peu et reste à sa portée.

À QUEL ÂGE LA PRÉSENTER ?

La balle peut être présentée à l'enfant qui commence à se retourner sur le tapis d'éveil et à effectuer du « ramping », vers 5 mois. Quand l'enfant tient assis de façon autonome, vers 8 à 9 mois, la base large de la pentaballe lui permet de la tenir debout ; il peut aussi la détailler plus facilement. Si l'enfant arrive à ouvrir la fermeture à glissière il n'y a aucun danger, puisque la balle intérieure est sécurisée par de solides coutures.

La pentaballe

FOURNITURES

- Coton épais : 60 cm × 40 cm
- Ouate de rembourrage, laine cardée

A COUPE

D'après le patron, coupez 5 côtés ovales et 2 pentagones dans le coton.

B FABRICATION

Les valeurs de couture sont de 1 cm et sont comprises dans le patron.

1. Surfilez tous les morceaux.

2. Assemblez endroit contre endroit les 5 ovales des côtés.

3. Dans la cinquième couture, laissez une ouverture de 10 cm pour retourner.

4. Repassez les coutures, ouvertes si possible.
5. Assemblez les pentagones à chaque extrémité des ovales, endroit contre endroit, après avoir épinglé les angles du pentagone face aux coutures des côtés.
6. Retournez par l'ouverture.
7. Rembourrez la balle de laine cardée et insérez-y de la lavande si vous le souhaitez. Si votre tissu a un maillage très serré et si vos coutures sont sûres (risque d'ingestion si les coutures s'ouvrent), vous pouvez également la garnir de riz ou de lentilles.
8. Refermez l'ouverture à la main.

La housse

FOURNITURES

- Différentes matières à votre convenance (coton, enduit, éponge, velours) : 5 morceaux de 13 cm × 20 cm pour les côtés et 2 morceaux de 17 cm × 17 cm pour les pentagones
- Liens, rubans, anneaux, étiquettes, chutes pour appliqués
- 1 fermeture à glissière non séparable de 18 cm

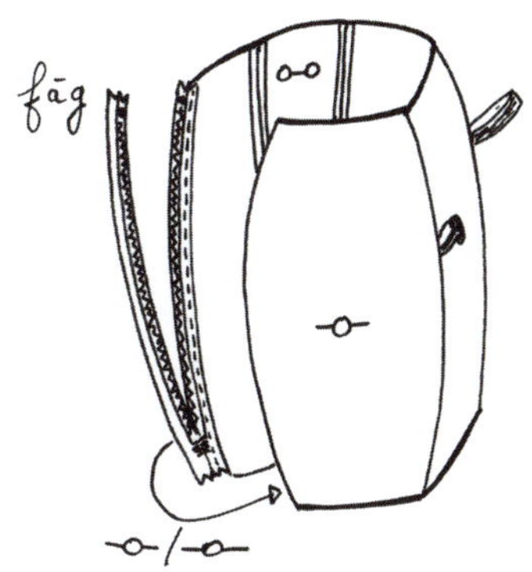

A COUPE

Le patron de la housse est identique à celui de la pentaballe. D'après le patron, coupez 5 côtés ovales et 2 pentagones dans les différentes matières choisies.

B FABRICATION

1. Surfilez tous les éléments.
2. Comptez des marges de couture de 1 cm.
3. Assemblez différents éléments sur les côtés : des anneaux en bois glissés dans des rubans pliés en deux, des rubans de différentes textures (coton, satin, croquet). Vous pouvez également appliquer des chutes de feutrine, d'enduit, de jean au point zigzag à différents endroits.
4. Assemblez endroit contre endroit les 5 ovales des côtés, en laissant deux côtés libres.
5. Assemblez endroit contre endroit la fermeture à glissière sur les côtés laissés libres.
6. Ouvrez la fermeture à glissière.
7. Assemblez les pentagones à chaque extrémité des ovales, endroit contre endroit, après avoir épinglé les angles face aux coutures des côtés.
8. Renforcez à plusieurs reprises les points d'arrêt de la fermeture à glissière.
9. Retournez par la fermeture à glissière ouverte.
10. Repassez les coutures ouvertes autant que possible.

Vous pouvez habiller votre pentaballe avec sa housse.

Le tapis molletonné et sa housse

INSPIRATION MONTESSORI

OBJECTIFS

Fabriquer son tapis molletonné, un essentiel pour les bébés (et les plus grands...).
Fabriquer la housse bicolore réversible de ce tapis.

FOURNITURES POUR LE TAPIS

- Molleton biologique de 2 cm d'épaisseur : 100 cm × 100 cm
- Toile de coton épaisse : 2 carrés de 102 cm × 102 cm (coton d'ameublement par exemple)

FOURNITURES POUR LA HOUSSE

- Tissu de coton : 2 coupons de 120 cm × 120 cm de couleurs différentes, plus ou moins épais
- Toile de coton épaisse : 10 cm × 105 cm
- Thermocollant : 10 cm × 105 cm
- 8 pressions de couleur assortie

A FABRICATION DU TAPIS

1. Assemblez endroit contre endroit les 2 carrés de toile à 1 cm du bord. Laissez une ouverture de 60 à 80 cm pour pouvoir retourner le tapis puis insérer le molleton.
2. Retournez et repassez.
3. Glissez le molleton à l'intérieur, en le répartissant correctement dans les angles et contre les bords. Le molleton biologique utilisé ici se travaille très bien.
4. Refermez l'ouverture avec des points à la main.
5. Maintenez toutes les épaisseurs avec des épingles ou des pinces à 5 endroits du tapis.

6. Avec une aiguille et du fil de coton épais ou doublé, maintenez les épaisseurs ensemble par des points de croix. Sur le schéma, les points de fixation minimaux sont indiqués, mais vous pouvez en ajouter à loisir.

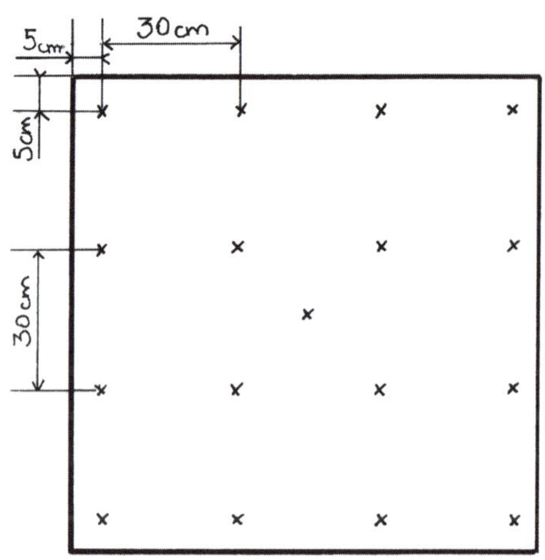

B FABRICATION DE LA HOUSSE

1. Coupez un carré de 105 cm × 105 cm dans un coupon de coton.
2. Coupez un carré de 105 cm × 105 cm dans l'autre coupon de coton. Nous appellerons ces 2 carrés **C**.
3. Coupez 2 bandes de 5 cm × 105 cm dans la toile épaisse, ainsi que 2 bandes de thermocollant de 5 cm × 105 cm.
4. Thermocollez les 2 bandes où seront posées les pressions, afin de renforcer cette partie.
5. Surfilez les bords des 2 carrés **C** et des 2 bandes.
6. Assemblez endroit contre endroit les 2 carrés **C**, en laissant un côté ouvert.
7. Assemblez endroit contre endroit les 2 bandes sur leur hauteur de 5 cm. Vous obtenez ainsi un grand anneau de 206 cm × 5 cm, que nous appellerons **A**.
8. Sur l'ouverture laissée à l'étape 6, assemblez la bande **A** endroit contre endroit, à 1 cm du bord.

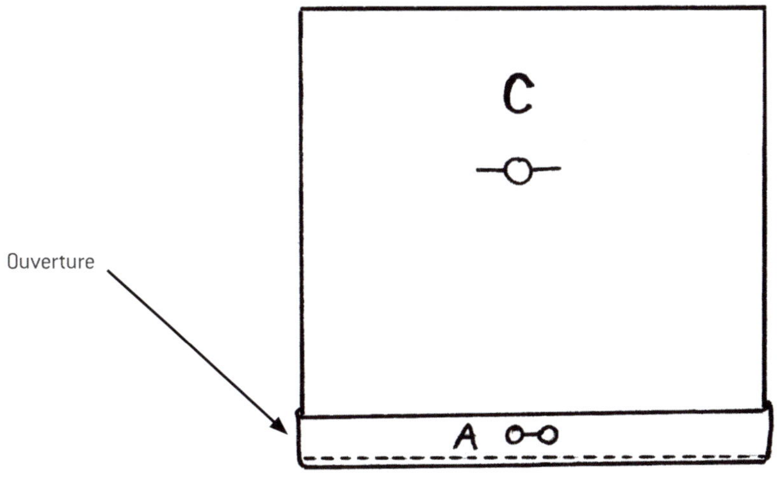

9. Retournez la bande **A** à l'intérieur de la housse et repassez.
10. Surpiquez à 1 mm du bord de l'ouverture pour maintenir la bande en place, puis surpiquez à 3,5 cm du bord.
11. Marquez l'emplacement des pressions au crayon à tissu : les deux des extrémités à 5 cm du bord environ et les autres espacés de 13 cm environ.
12. Positionnez les pressions mâles et femelles avec une pince ou un marteau.

DU NOIR ET BLANC DANS L'ENVIRONNEMENT DE VOTRE BÉBÉ ?

Quelle drôle d'idée !
Et pourtant cela l'intéresse beaucoup et je dirais même que c'est important, voire indispensable dans les premiers mois de sa vie.

Mais pourquoi ?
Loin de moi l'idée qu'il faille ôter la couleur de l'environnement de l'enfant, puisqu'elle est aussi très importante, mais je dirais qu'il faut la doser et tenir compte du développement psychomoteur et visuel de l'enfant.
La vue est le dernier sens à se développer chez le fœtus. Elle apparaît au septième mois de grossesse et quand l'enfant naît, sa vue n'est pas finalisée. À la naissance il ne voit qu'à 20 cm, puis à 60 cm vers 2 mois. Cela permet d'apprécier la distance à laquelle il faut disposer les objets autour de l'enfant. Faute de pigments dans la rétine, le nourrisson voit en noir et blanc de la naissance jusqu'à ses 2 mois et a une perception très floue de ce qui l'entoure. Il ne voit surtout que les contours. C'est pourquoi il est très sensible aux contrastes de couleurs. Il distingue les nuances de brillance et de tonalité (pâle ou foncé). Ce n'est que vers 3 mois que l'enfant perçoit plusieurs couleurs de base ; les premières acquises sont le rouge et le vert. Ensuite, vers 4 mois, il peut distinguer autant de couleurs qu'un adulte.

Pourquoi des formes géométriques ?
Maria Montessori estimait que les enfants et le monde ont un esprit mathématique, d'où la mise en place du mobile de Munari dès la naissance et la préconisation d'images géométriques en noir et blanc dans leur environnement. On remarque que les enfants, en grandissant, sont sensibles aux couleurs, aux contrastes, aux images simples et réalistes.
D'après toutes ces connaissances, ces approches, je me suis intéressée d'encore plus près à l'environnement de l'enfant, au fait qu'on le surcharge très souvent et que l'on ne tient pas compte de ses facultés. J'ai commencé par créer le mobile géométrique en noir et blanc, puis un tapis d'éveil, une balle de préhension en noir et blanc, des cadres, un livre... J'ai tout de suite pu observer l'intérêt qu'avaient les bébés pour ces objets auxquels ils étaient confrontés et leur joie de les découvrir. Je n'ai pas pour autant exclu la couleur, je l'ai juste « dosée », de même que les imprimés, que j'ai choisis bicolores le plus souvent. L'important, comme dans toute démarche, est de ne pas virer à l'excès et de rester dans la mesure le plus juste possible. Je n'ai par exemple jamais proposé à un bébé tous les articles noir et blanc en même temps ! Justement pour ne pas perdre son attention et donc la concentration qui lui permet de se construire.
Du noir et blanc, c'est beau, c'est bien pour l'enfant et ça dure dans le temps. De plus, d'après quelques recherches, les objets en noir et blanc sont particulièrement indiqués pour les enfants malvoyants. C'est une information importante si vous avez dans votre entourage des enfants atteints d'un handicap visuel. Le yin et le yang, la nuit et le jour, le bien et le mal, la naissance et la mort... toujours symbolisés par le noir et le blanc, comme des oppositions constantes. Dans l'univers de l'enfant, ces contraires s'attirent et se complètent pour l'aider à se construire.

Le mobile géométrique noir et blanc

L'intérêt du mobile est avant tout visuel : il ne doit pas être touché ou attrapé, il ne doit pas être musical, ni être pourvu d'un mécanisme pour tourner, ni être trop coloré, afin de ne pas trop stimuler le bébé. Il doit être le plus réaliste possible. L'air ambiant fait suffisamment bouger délicatement les formes. Bien souvent les mobiles commerciaux sont trop rapides, trop bruyants et trop stimulants.

Dans la pédagogie Montessori, différents mobiles sont préconisés, notamment le mobile de Munari, le mobile de Gobbi, les octaèdres et les « danseurs » (figures stylisées en papier). Tous ces mobiles qui développent l'activité visuelle sont utilisés à des périodes précises et dans un certain ordre. Leur point commun est d'éveiller un seul sens à la fois, ici la vue.

On passe du mouvement involontaire au mouvement volontaire vers 4 mois. À partir de ce moment, l'enfant va toucher le mobile et le faire bouger. Il sera alors important de passer à des objets suspendus préhensibles tels un anneau sur un support élastique, avec ou sans grelot, ou bien la balle de préhension suspendue (appelée aussi kusudama suspendu).

Les formes géométriques sont importantes dans l'univers de l'enfant. Maria Montessori disait que l'homme naît avec un esprit mathématique et qu'il est donc attiré naturellement par ces formes.

Pour ce mobile inspiré de sa pédagogie, j'ai privilégié le noir et blanc pour que l'on puisse le présenter à l'enfant dès la naissance, étant donné qu'il ne voit à cet âge que les images contrastées. Chaque forme est pourvue d'un lien et peut ainsi être détachée et donnée à l'enfant en guise de hochet quand il a acquis la préhension volontaire (vers 5 mois). Vous pouvez insérer des grelots dès le départ. Il est évidemment possible de faire ce mobile en couleurs ; l'intérêt sera toujours les formes géométriques et le contraste, d'où l'importance de choisir des couleurs opposées et de privilégier deux couleurs ou deux motifs.

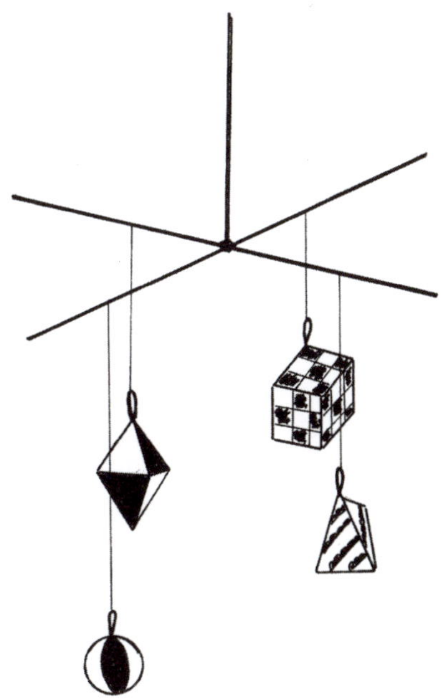

FOURNITURES

- Tissu noir : 30 cm × 90 cm
- Tissu blanc : 30 cm × 90 cm
- Tissu imprimé noir et blanc (à formes géométriques) : 15 cm × 20 cm
- Laine cardée naturelle ou ouate
- 2 baguettes de bois flottant de 50 cm
- Fil de Nylon
- Ficelle de jute ou de lin
- Ruban noir de 3 ou 5 mm de large (liens) : 50 cm

1. Le cube damier

Pour un cube de 6 cm de côté

Si vous pouvez, utilisez un cutter rotatif et une règle de coupe pour couper rapidement et nettement les bandes de tissu, sinon des ciseaux feront l'affaire. Le cube est composé de 6 faces ou blocs de 9 carrés blancs et noirs. Ces blocs seront fabriqués individuellement puis assemblés de façon à former un cube, comme avec du papier.

A COUPE

1. Coupez 3 bandes de 30 cm × 3 cm dans le tissu noir.
2. Coupez 3 bandes de 30 cm × 3 cm dans le tissu blanc.
3. Coupez un lien de 12 cm dans le ruban noir.

B FABRICATION

Attention : cousez le plus possible fil blanc sur tissu blanc et fil noir sur tissu noir. Les marges de couture sont de 0,5 cm pour tous les assemblages. Cousez à très petits points car en coupant les bandes dans le sens vertical, les coutures peuvent s'ouvrir. Ouvrez les coutures au fer ou écrasez-les avec l'ongle.

1. Enfilez la machine avec le fil d'aiguille noir et le fil de canette blanc, ou *vice versa*, afin de pouvoir assembler les tissus noir et blanc sans trop laisser apparaître le fil par transparence.

2. Assemblez une bande blanche de chaque côté d'une bande noire, à 1 cm du bord, en utilisant le fil de la couleur assortie au tissu.

3. Repassez les coutures couchées vers le tissu noir pour les 2 bandes.
4. Tracez et coupez des bandes de 3 cm de large dans le sens vertical, comme indiqué sur le schéma ci-contre. Vous obtenez ainsi des bandes de 3 carrés assemblés [blanc/noir/blanc].

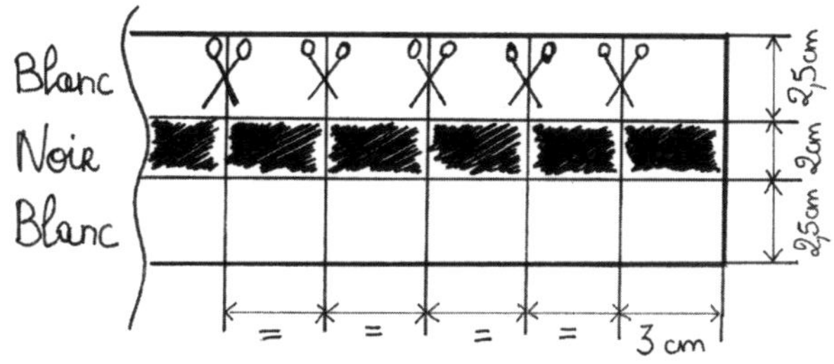

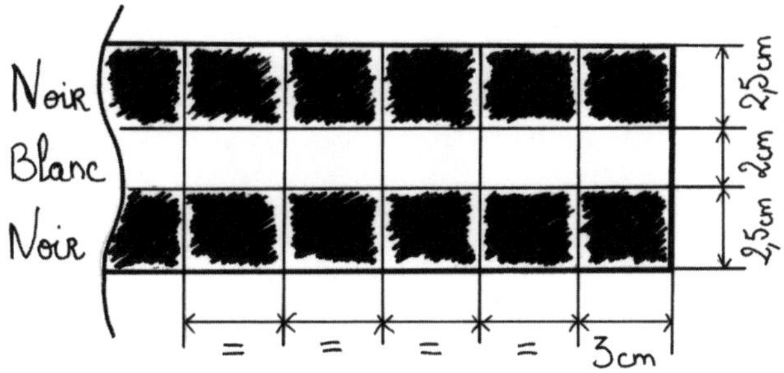

5. Assemblez ensuite une bande noire de chaque côté d'une bande blanche, à 1 cm du bord, en utilisant le fil de la couleur assortie au tissu.
6. Répétez les opérations 3 et 4. Vous obtenez ainsi des bandes de 3 carrés assemblés [noir/blanc/noir].

7. Assemblez une bande de 3 carrés blanc/noir/blanc avec une bande de 3 carrés noir/blanc/noir, puis avec une autre bande de 3 carrés blanc/noir/blanc. Effectuez des points d'arrêt ; épinglez les coutures pour aligner le damier et assembler de façon précise.
Vous obtenez un bloc comme ci-contre.

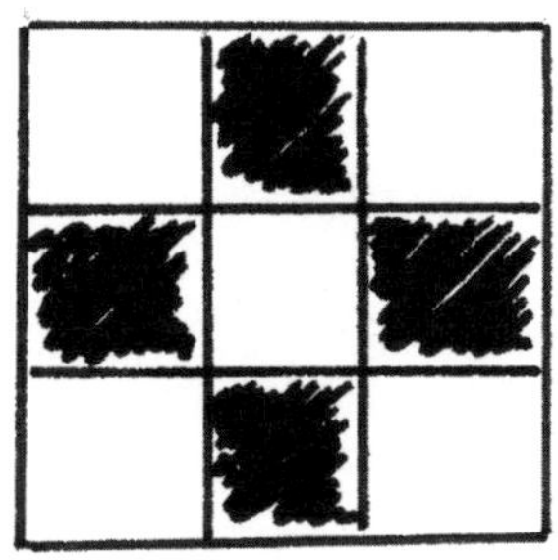

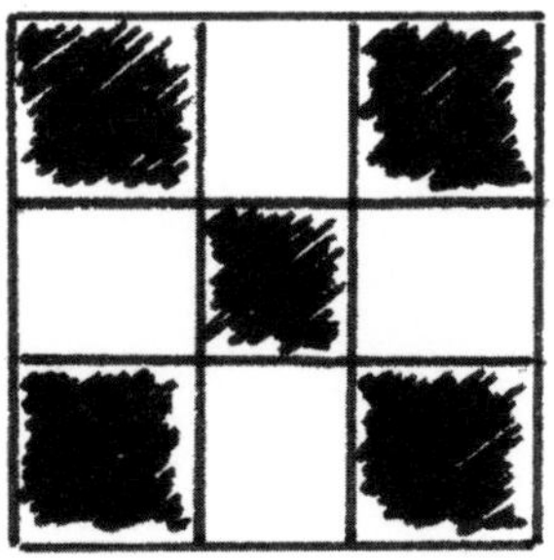

8. Assemblez une bande noir/blanc/noir avec une bande blanc/noir/blanc, puis avec une autre bande noir/blanc/noir.
Vous obtenez un bloc comme ci-contre.

9. Recommencez les opérations 7 et 8 de façon à obtenir 3 blocs de chaque.

10. Assemblez les 6 blocs, toujours endroit contre endroit et avec 0,5 cm de marge de couture, comme sur le schéma ci-contre.

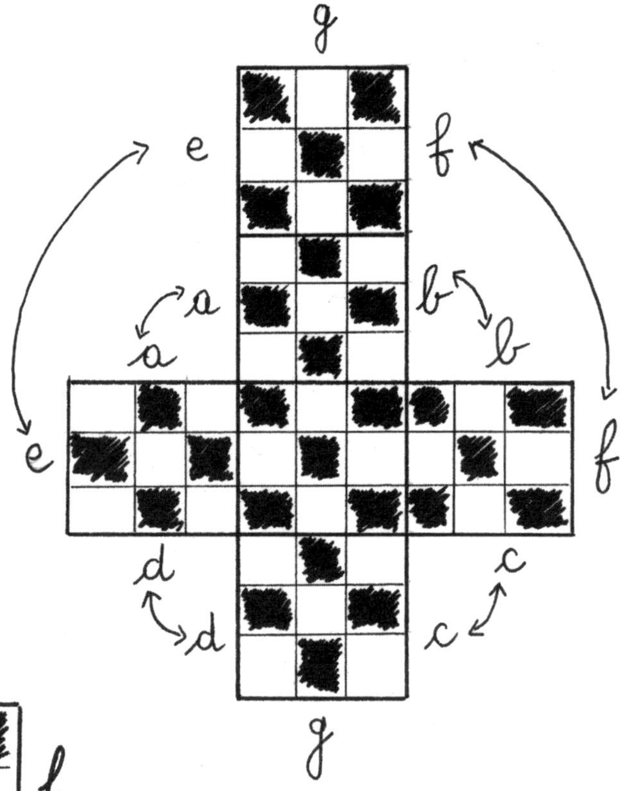

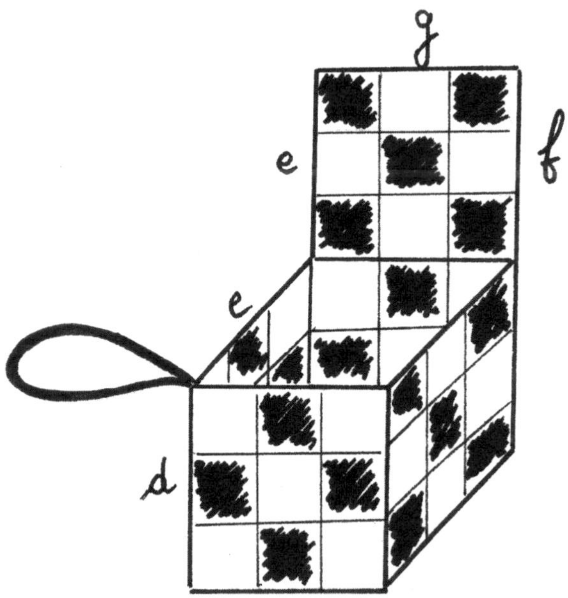

11. Une fois les coutures **a**, **b**, **c** et **d** assemblées, cousez le lien comme indiqué sur 1 cm, après l'avoir plié en deux, et continuez en assemblant les coutures **e** et f.

12. Garnissez le cube de laine cardée par l'ouverture **g**, puis fermez à petits points main invisibles.

2. Le berlingot

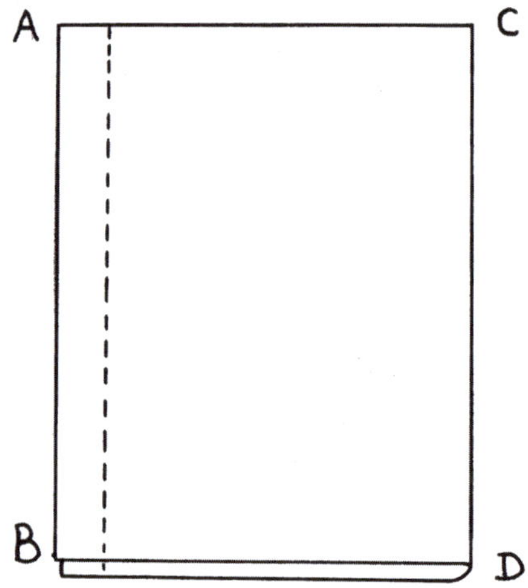

A COUPE

1. Coupez un rectangle de 11 cm × 17 cm dans le tissu imprimé.
2. Coupez un lien de 12 cm dans le ruban noir.

B FABRICATION

1. Pliez le rectangle dans le sens de la longueur et piquez à 1 cm du bord sur la largeur **AB**.
2. Ouvrez la couture au fer.

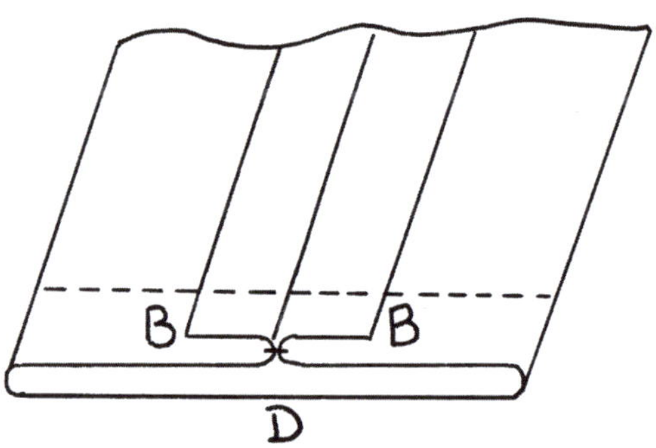

3. Positionnez la couture **BD** au centre du bandeau obtenu et piquez ainsi à 1 cm du bord.
4. Piquez le lien en **A** sur 1 cm après l'avoir plié en deux.

5. Remettez la ligne **AC** à plat et piquez-la à 1 cm du bord, en laissant une ouverture de 3 cm pour retourner.
6. Faites ressortir les angles avec une baguette chinoise et repassez.
7. Refermez l'ouverture à la main. Votre berlingot est terminé.

3. L'octaèdre

A COUPE

1. Coupez 4 triangles d'après le gabarit dans le tissu noir.
2. Coupez 4 triangles d'après le gabarit dans le tissu blanc.
3. Coupez un lien de 12 cm dans le ruban noir.

B FABRICATION

Attention : cousez le plus possible fil blanc sur tissu blanc et fil noir sur tissu noir. Les marges de couture sont de 0,5 cm pour tous les assemblages.

1. Assemblez 1 triangle noir avec 1 triangle blanc à leur base, endroit contre endroit, à 0,5 cm du bord.
2. Ouvrez la couture avec l'ongle et repassez au besoin.

3. Répétez 4 fois les opérations 1 et 2. Vous obtenez 4 losanges noir et blanc.
4. Assemblez les côtés de 2 losanges endroit contre endroit, en associant 1 triangle noir à un triangle blanc et *vice versa* ; commencez la couture à 5 mm de la pointe et terminez-la également à 5 mm de la pointe. Cela empêche le chevauchement des coutures dans les pointes et donc les épaisseurs inesthétiques au moment de retourner.
5. Assemblez ensuite les 2 autres losanges de la même façon.

6. Insérez le lien plié en deux sur l'endroit à la pointe des losanges, en le laissant dépasser d'au moins 1,5 cm vers la pointe.
7. Pour la dernière couture, avant de retourner, laissez une ouverture d'environ 4 cm. Effectuez des points d'arrêt autour de cette ouverture pour plus de solidité.
8. Retournez par l'ouverture et ressortez les pointes avec une baguette chinoise.
9. Rembourrez de laine cardée de façon à obtenir un octaèdre plutôt ferme.
10. Refermez l'ouverture à points invisibles.

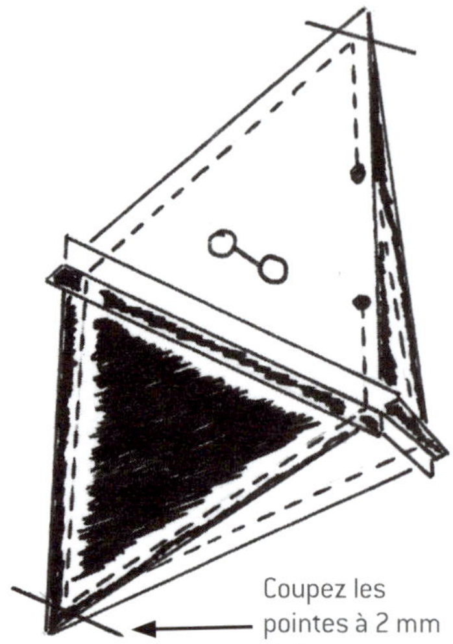

Coupez les pointes à 2 mm de la couture.

4. La sphère

A COUPE

1. Coupez 3 formes ovales d'après le gabarit dans le tissu noir. Voir la feuille de gabarits.
2. Coupez 3 formes ovales d'après le gabarit dans le tissu blanc. Voir la feuille de gabarits.
3. Coupez un lien de 12 cm dans le ruban noir.

B FABRICATION

Attention : cousez le plus possible fil blanc sur tissu blanc et fil noir sur tissu noir.
Les marges de couture sont de 0,5 cm pour tous les assemblages.

1. Assemblez endroit contre endroit une forme ovale noire et une forme ovale blanche.
2. Ouvrez les coutures avec l'ongle dans un premier temps.
3. Repassez délicatement la courbe coutures ouvertes, sur une jeannette de préférence si vous en possédez une.
4. Assemblez le lien plié en deux endroit contre endroit à l'extrémité des ovales.
5. Répétez les opérations 1 à 3 pour assembler les 4 autres ovales, toujours en alternant un ovale noir et un ovale blanc.
6. Pour la dernière couture, laissez une ouverture de 3 cm en effectuant des points d'arrêt avant et après la reprise de couture.
7. Retournez par l'ouverture.
8. Garnissez de laine cardée de façon à obtenir une sphère le plus harmonieuse possible.
9. Fermez l'ouverture à la main par des petits points invisibles.

5. Création du support et installation des formes

A CRÉATION DU SUPPORT

Il s'agit de 2 baguettes de 50 cm de bois flottant, de 1 cm de diamètre, qui sont assemblées en croix avec de la ficelle de jute ou de lin. Le bois flottant est idéal car il est très léger et s'équilibre bien. Vous pouvez acheter 2 baguettes de bois à tourillons en magasin de bricolage, du bambou, du noisetier, le principal étant d'obtenir une structure le plus équilibrée possible.
Suspendez la croix avec une ficelle ou un fil de Nylon et équilibrez-la en déplaçant le centre (faites coulisser une des baguettes).

B INSTALLATION DES FORMES

Attachez du fil de pêche ou de Nylon à chaque forme, au niveau du lien. Attachez les formes aux baguettes au plus près du centre pour éviter un trop grand déséquilibre au départ. Installez les formes deux par deux, face à face, par exemple la sphère face au cube damier et l'octaèdre face au berlingot. La sphère étant plus légère, installez-la plus bas que le cube et plus loin du centre. Ensuite, décalez du centre vers l'extérieur jusqu'à trouver une belle harmonie.

Voici les dimensions du mobile présenté.

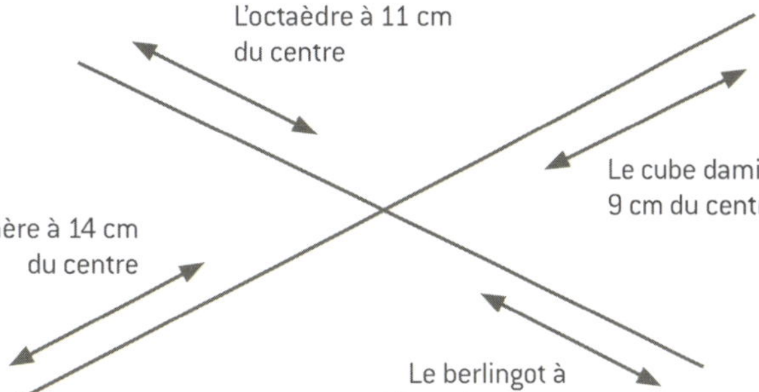

Les livres

OBJECTIFS

L'objectif du livre en tissu est tout d'abord sensoriel : l'enfant découvre par le toucher les différents éléments qui le composent, développant ainsi son sens tactile en appréciant les reliefs, les contours… Étant donné que des formes sont amovibles grâce à une bande autoagrippante, l'enfant peut les ôter et les remettre à loisir à l'aide des contours-ombres représentés. Ensuite, il y a un intérêt visuel à travers le choix du thème : noir et blanc, couleurs, formes, chiffres… Ces livres en tissu, tout comme les imagiers en carton, développent également le langage.

INSPIRATION

Ma bibliothèque pour les enfants est très importante et plusieurs ouvrages en noir et blanc en font partie tels que : *Blanc sur noir* et *Noir sur blanc* de Tana Hoban, *Les Animaux de la ferme* de François Delebecque, *Oxiseau* de Francesco Pittau et Bernadette Gervais, *Mes animaux* de Xavier Deneux… Il est certain que très tôt les bébés y sont sensibles et les plus grands le restent très longtemps. Quelques livres sur les formes et les couleurs : *À la découverte des formes* de Françoise Audry-Iljic et Thierry Courtin, *Les Aventures d'une petite bulle rouge* de Iela Mari, *Petit-Bleu et Petit-Jaune* de Léo Lionni…

Tous ces ouvrages m'ont donné envie de compléter l'intérêt visuel par l'intérêt tactile. L'important est de rester au plus près du quotidien de l'enfant en lui proposant des formes réalistes qu'il a déjà vues ou des objets qu'il va pouvoir découvrir autour de lui. Lui proposer une image de lion à 6 mois n'a pas grand intérêt alors qu'une balle, un chien, un cube… lui seront familiers et il pourra ainsi se créer sans difficulté sa représentation mentale de l'objet.

COMPOSITION

Les livres sont composés de pages en feutrine ou en tissu reliées entre elles par des anneaux brisés qui permettent d'ajouter ou d'enlever des pages selon le diamètre des anneaux. L'avantage est que ces derniers sont très abordables : environ 2 euros les 10 anneaux de 25 mm de diamètre. Par exemple, des anneaux de 25 mm de diamètre peuvent relier environ 4 pages en feutrine.
Tous les accessoires ajoutés, tels que rubans et boutons, doivent être solidement fixés et vérifiés régulièrement. Il faut privilégier un thème précis pour avoir une difficulté à la fois.

1. Le livre en feutrine noir et blanc

FOURNITURES

Pour 4 pages

- Feutrine noire rigide de 2 à 3 mm d'épaisseur : 2 feuilles de 30 cm × 30 cm
- Cantonnière : environ 60 cm × 25 cm
- 8 œillets d'au moins 4 à 5 mm de diamètre
- 2 anneaux brisés de 25 mm de diamètre
- Bande autoagrippante

A COUPE

1. Coupez des formes selon les gabarits (bottes, canard, boutons, voiture) dans la cantonnière, en doubles exemplaires. Voir la feuille de gabarits. Vous pouvez évidemment découper d'autres formes de votre choix. Pour relever les gabarits, privilégiez un carton semi-rigide de type fiche bristol, qui vous aidera pour la suite dans la fabrication.
2. Coupez 8 rectangles de feutrine noire de 14 cm × 12 cm.
3. Coupez 4 rectangles de cantonnière de 12 cm × 10 cm.

B FABRICATION

Le dessus de la page avec la forme

1. Positionnez le gabarit de la forme sur un rectangle de feutrine **D** et piquez son contour avec du fil blanc. Votre gabarit en carton semi-rigide va vous permettre de piquer de façon régulière et précise. Si votre aiguille accroche le bord du carton, ce n'est pas important.
2. Coupez un morceau de bande autoagrippante à la taille de la forme. Positionnez le côté crochets au centre de la forme cousue sur le rectangle **D** et assemblez à 1 mm sur tout le pourtour de la bande.
3. Sur une des formes découpées en cantonnière, qui sera le dessous, assemblez le côté velours de la bande autoagrippante.
4. Assemblez les deux formes en cantonnière, dessus et dessous, envers contre envers, en piquant le contour à 1 mm du bord.
5. Piquez également les détails à l'intérieur de la forme. Par exemple les roues et la vitre de la voiture, les trous des boutons, l'aile et l'œil du canard.
6. Répétez les opérations 1 à 5 pour chaque page.

L'assemblage avec le dessous de la page et la cantonnière intérieure

1. Positionnez un rectangle de cantonnière sur l'envers du rectangle **D**, puis un rectangle de feutrine noire vierge pour former le dessous.
2. Assemblez à 2 mm du bord pour maintenir les 3 épaisseurs ensemble.

Votre page sera ainsi plus rigide.

3. Marquez l'emplacement des 2 œillets sur le bord gauche des pages, à 1,5 cm de la tranche.
4. Perforez et appliquez les œillets avec une pince ou un marteau.

2. Le livre en tissu : les formes

Les 3 pages présentées sont sur le thème de l'encastrement des formes géométriques Montessori : le carré rouge, le cercle bleu, le triangle jaune.

FOURNITURES

Pour un livre de 14 cm × 12 cm

- Tissu uni pour le fond des pages : 90 cm × 15 cm (choisissez du coton épais, blanc ou clair)
- Thermocollant : 90 cm × 15 cm
- Cantonnière : 50 cm × 15 cm
- Chutes de tissu, de feutrine, de toile enduite, de cuir, de ruban...
- Boutons
- Fils assortis
- 6 oeillets d'au moins 4 à 5 mm de diamètre
- 2 anneaux brisés de 25 mm de diamètre

A COUPE

1. Thermocollez le tissu.
2. Coupez 3 rectangles de 30 cm × 14 cm dans le tissu.
3. Coupez 3 rectangles de 12 cm × 14 cm dans la cantonnière.
4. Coupez des formes pour chaque page, dans différents tissus et matières.

B FABRICATION

1. Sur l'envers d'un rectangle de tissu, centrez un rectangle de cantonnière à gauche comme sur le schéma, puis épinglez-le.
2. Sur l'endroit, positionnez les formes en feutrine, tracez le contour des formes à surpiquer et épinglez les formes en tissu à appliquer.

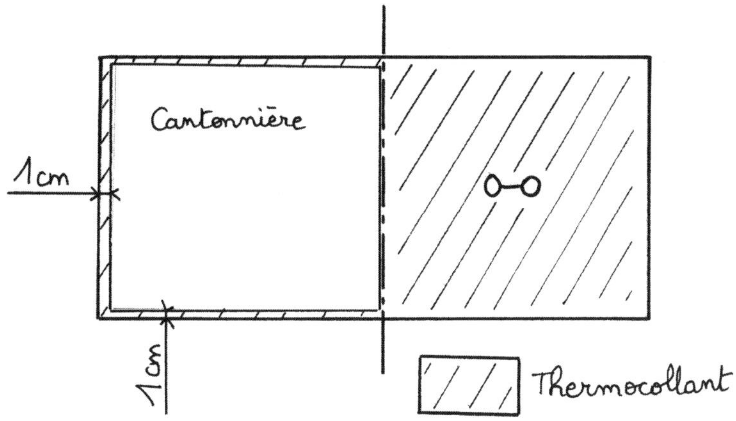

Astuce pour doubler les formes en tissu : assemblez le dessus et le dessous de la forme de votre choix [cercle, carré, triangle] endroit contre endroit, à 5 mm, sur tout le pourtour. Incisez le dessous en faisant une croix au centre de la forme et retournez. Repassez et surpiquez à 1 mm du bord pour appliquer la forme sur le support. Comme elle est appliquée, il n'est pas nécessaire de refermer la croix incisée.

3. Piquez à 1 mm le pourtour des formes, au point droit ou au point fantaisie. Cela maintiendra également la cantonnière en place.
4. Cousez les boutons le plus solidement possible.
5. Pliez le rectangle de tissu en deux, endroit contre endroit, et assemblez les 3 côtés en laissant une ouverture de 8 cm.
6. Retournez délicatement par l'ouverture. La cantonnière se remet facilement en place avec un léger repassage.
7. Faites ressortir les angles avec une baguette en bois.
8. Refermez l'ouverture avec des points à la main.
9. Marquez l'emplacement des 2 œillets sur le bord gauche de la page, à 1,5 cm de la tranche.
10. Perforez et appliquez les œillets avec une pince ou un marteau.

Les cadres patchwork noir et blanc

INSPIRATION MONTESSORI

Dans la pédagogie Montessori, il est conseillé d'installer des images en noir et blanc dans l'environnement de l'enfant puisque, comme nous l'avons déjà évoqué, les contrastes sont importants pour le nourrisson qui au départ ne voit pas les couleurs. Si on installe ces images sous forme de photos, sous cadre par exemple, l'enfant va être attiré, se concentrer, et l'on va éveiller son intérêt. D'après Maria Montessori, les formes géométriques sont importantes dans l'univers de l'enfant.
Plutôt que des images « cartonnées », j'ai décidé de créer des cadres façon patchwork qui pourraient s'intégrer plus facilement dans l'environnement et même décorer le salon ! Je vous propose donc de réaliser un triptyque : un cadre « déstructuré », un cadre damier et un cadre « motif naïf ». Une goulotte est prévue à l'arrière de chaque cadre afin de pouvoir le suspendre avec une baguette. Ce triptyque est une piste qui vous permet de laisser libre cours à votre créativité, en fonction de vos goûts, de votre déco et des formes que vous avez envie de mettre à la disposition de votre enfant.

1. Le premier cadre, dit « déstructuré »

FOURNITURES

Pour un cadre de 20 cm × 30 cm environ

- Tissu de coton noir : 50 cm × 150 cm (ou du tissu de couleurs contrastées, rouge et vert ou jaune et bleu par exemple, avec 2 couleurs au maximum)
- Chutes de tissus noirs et blancs, unis ou imprimés
- Cantonnière : 20 cm × 30 cm environ

L'effet déstructuré est obtenu en assemblant de façon aléatoire sur de la cantonnière des chutes ou bandes de tissu découpées, en alternant des bandes régulières, des bandes plus ou moins larges et des bandes triangulaires.

Cadres
Noir
&
Blanc
"L'esprit du jeune
enfant est
naturellement
mathématique!"

A COUPE

1. Coupez un rectangle de cantonnière de 17 cm × 25 cm.
2. Coupez dans les chutes des bandes de tissu de différentes largeurs (de 2 à 5 cm par exemple) et même asymétriques.
3. Coupez une bande de tissu noir de 100 cm × 5 cm pour l'encadrement.
4. Coupez dans le tissu noir un rectangle de 31 cm × 23 cm pour le dessous.
5. Coupez un rectangle de 50 cm × 10 cm pour la goulotte de suspension.

B FABRICATION

1. Sur le rectangle de cantonnière de 17 cm × 25 cm, positionnez une bande de tissu là où vous le souhaitez et épinglez-la, envers contre cantonnière. Positionnez une autre bande sur celle-ci, endroit contre endroit, et piquez à 5 mm du bord. Rabattez la bande à l'endroit et repassez. Vous pouvez éventuellement surpiquer la bande à 1 mm du bord une fois qu'elle est appliquée suivant l'effet désiré.

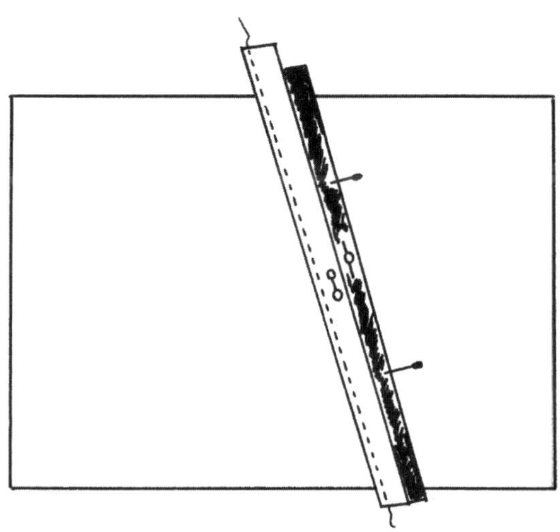

2. Choisissez une troisième bande, procédez de la même façon pour l'appliquer sur la deuxième et ainsi de suite jusqu'à remplir le cadre. Remplissez-le avec des bandes plus ou moins larges, en changeant leur direction et en les superposant. Vous pouvez choisir des bandes de tissu satiné ou du ruban de satin pour obtenir des effets différents.

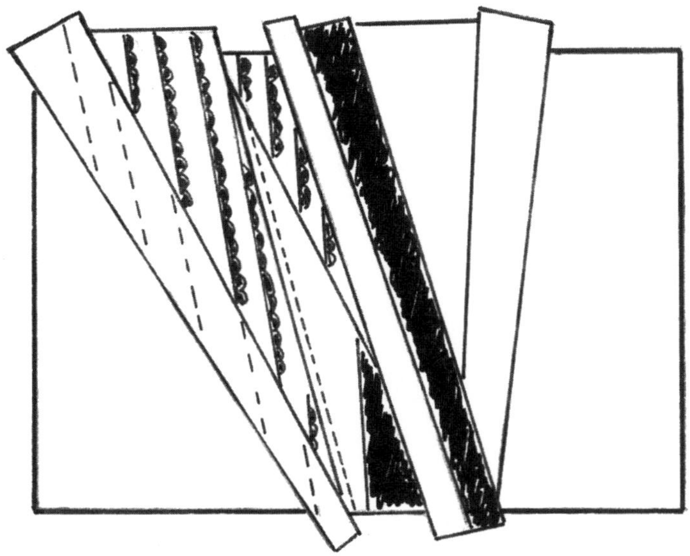

3. Quand le cadre est rempli, coupez tous les morceaux de tissu qui dépassent. Piquez à grands points à 5 mm du bord afin de maintenir les bandes.
4. Pour encadrer de façon asymétrique, appliquez la bande de tissu noir de 100 cm × 5 cm. Commencez en haut à gauche du cadre. Laissez la bande dépasser de 5 cm à l'extérieur, posez-la endroit contre endroit sur le cadre et piquez à 1 cm du bord **AB**, en commençant en **A1** (c'est-à-dire à 1 cm du point **A** en décalé vers l'intérieur).

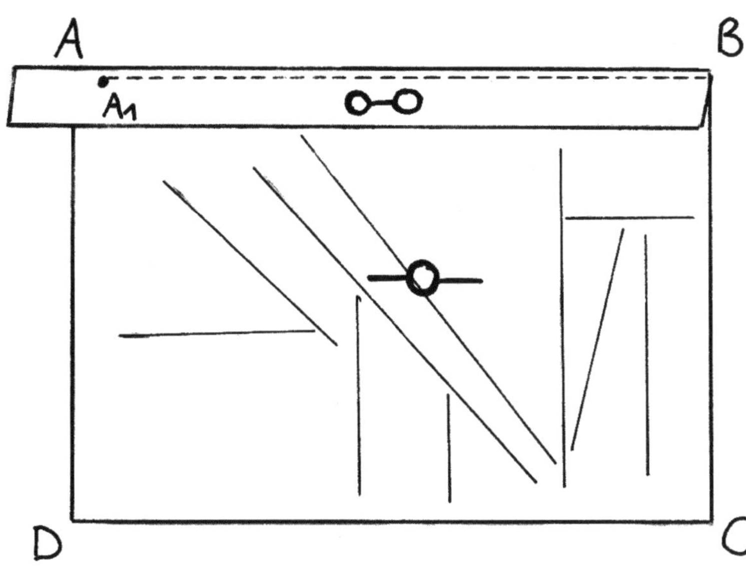

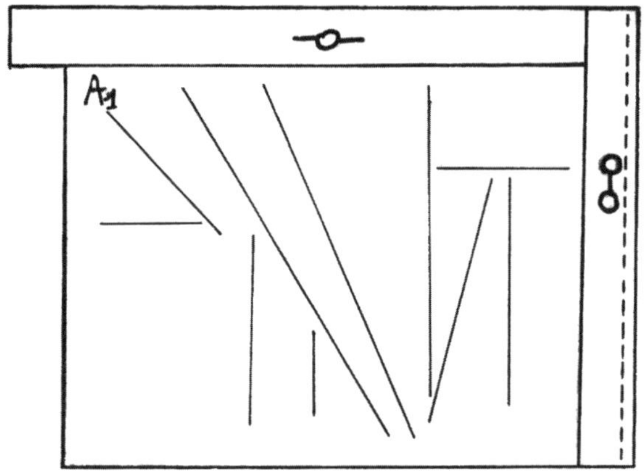

5. Coupez la bande au ras du cadre en **B**. Ouvrez la bande vers l'extérieur du cadre et repassez.
6. Reprenez la bande de tissu et recommencez l'opération en couvrant la bande précédente endroit contre endroit et en piquant à 1 cm du bord. Ouvrez, repassez et surpiquez à 1 mm.

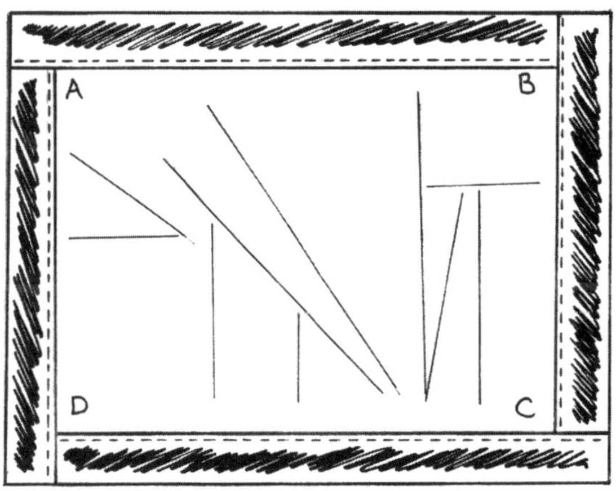

7. Répétez l'opération sur les 2 autres côtés. Passez la dernière bande, **DA**, sous la bande **AB**. Surpiquez à 1 mm du bord **AB** pour finir.

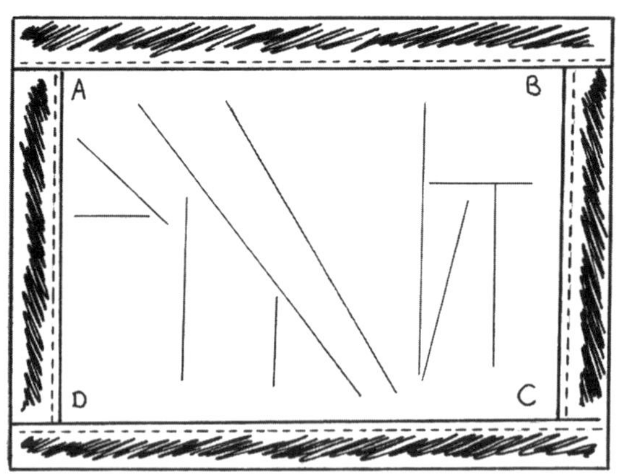

8. Vous pouvez également faire un cadre droit en piquant 2 bandes en **AD** et **BC**. Repassez et surpiquez, puis piquez 2 bandes en **AB** et **DC**, repassez et surpiquez.

9. Pour la goulotte de suspension, assemblez endroit contre endroit les côtés de 10 cm du rectangle de tissu à 1 cm du bord, ouvrez la couture et retournez. Placez cette couture au milieu de la bande, puis pliez la bande en deux dans le sens de la hauteur. Vous obtenez une goulotte de 24 cm × 5 cm. Positionnez-la endroit contre endroit, en la centrant sur le haut du dessous du cadre, et maintenez-la par des épingles. Surpiquez le bas de la goulotte à 5 mm sur l'endroit du tissu du dessous.

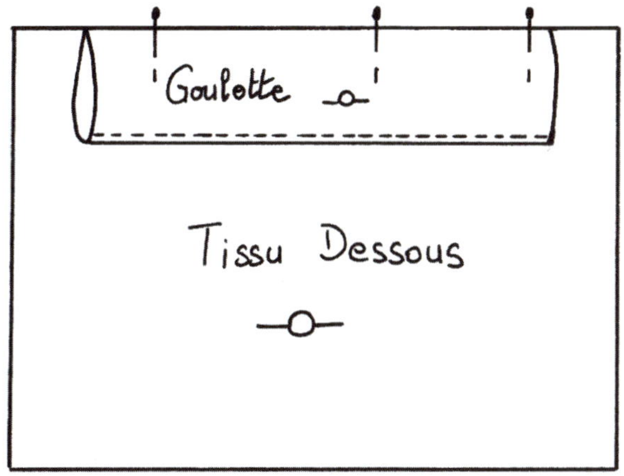

10. Positionnez le cadre du dessus endroit contre endroit sur le dessous et piquez à 1 cm tout autour, en laissant une ouverture de 15 cm.
11. Retournez par l'ouverture. Faites ressortir les angles avec une baguette en bois. Au besoin, prenez une épingle assez grosse et tirez délicatement l'angle vers l'extérieur. Repassez.
12. Surpiquez à 1 mm tout le pourtour du cadre. Cela refermera l'ouverture.

2. Le deuxième cadre : le damier

FOURNITURES

Pour un cadre de 20 cm × 30 cm environ

- Tissu noir : 30 cm × 150 cm
- Tissu blanc : 15 cm × 50 cm
- Cantonnière : 26 cm × 20 cm
- Biais noir : 120 cm

A COUPE

1. Coupez 3 bandes de 5 cm × 50 cm dans le tissu noir et 3 bandes de 5 cm × 50 cm dans le tissu blanc.
2. Coupez un rectangle de 26 cm × 20 cm pour le dessous dans le tissu noir.
3. Coupez une bande de 50 cm × 10 cm pour la goulotte.

B FABRICATION

1. Enfilez la machine avec le fil d'aiguille noir et le fil de canette blanc, ou *vice versa*, afin de pouvoir assembler les tissus noir et blanc sans trop laisser apparaître le fil par transparence.
2. Assemblez une bande blanche de chaque côté d'une bande noire, à 1 cm du bord, en utilisant le fil de la couleur assortie au tissu.
3. Repassez les coutures couchées vers le tissu noir.

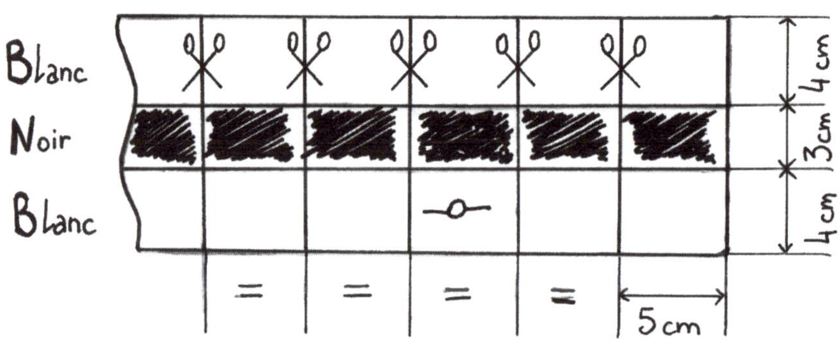

4. Tracez et coupez des bandes de 5 cm dans le sens vertical, comme sur le schéma ci-dessus.
5. Assemblez ensuite une bande noire de chaque côté d'une bande blanche, à 1 cm du bord, en utilisant le fil de la couleur assortie au tissu.

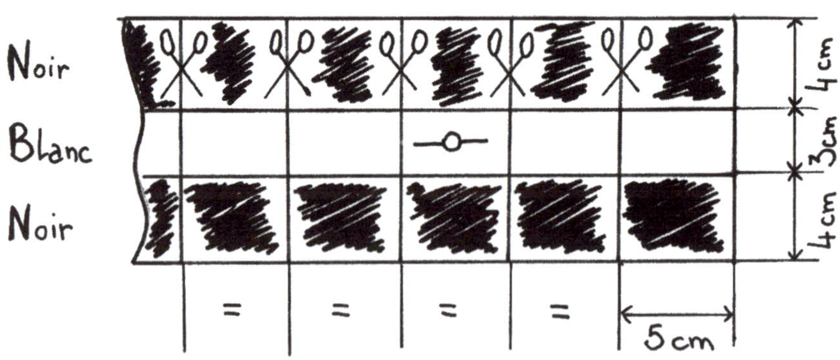

6. Répétez les opérations 3 et 4.
7. Assemblez 4 bandes noir/blanc/noir avec 4 bandes blanc/noir/blanc, à 1 cm du bord, en alternant les carrés noirs et les carrés blancs. Vous obtenez un rectangle de 26 cm × 11 cm.

8. Recommencez l'opération avec 8 autres bandes.
9. Repassez coutures ouvertes.
10. Assemblez les 2 rectangles de 26 cm × 11 cm obtenus en alternant les carrés noirs et blancs. Épinglez les coutures les unes en face des autres au besoin pour un résultat plus précis. Vous obtenez un rectangle de 26 cm × 20 cm.
11. Assemblez ce damier sur la cantonnière, à 5 mm sur tout le pourtour, pour le maintien.
12. Assemblez la goulotte sur le dessous comme pour le cadre déstructuré (voir l'étape 9 page 63).
13. Maintenez le damier et le dessous par une piqûre à grands points ou un bâti à la main, envers contre envers, à 5 mm du bord.
14. Assemblez le biais tout autour, sur l'envers, endroit contre endroit. Rabattez-le sur l'endroit en surpiquant à 1 mm du bord. (Le biais est une autre façon de finir l'encadrement. Vous pouvez si vous le souhaitez faire la même finition avec des bandes que pour le cadre déstructuré.)

3. Le troisième cadre à motif naïf : le poisson

FOURNITURES

Pour un cadre de 20 cm × 30 cm environ
- Tissu blanc : 25 cm × 30 cm
- Tissu noir : 50 cm × 100 cm
- Tissu imprimé : 25 cm × 30 cm
- Cantonnière : 20 cm × 27 cm
- Chute de feutrine noire pour le poisson
- 1 bouton pour l'œil du poisson

A COUPE

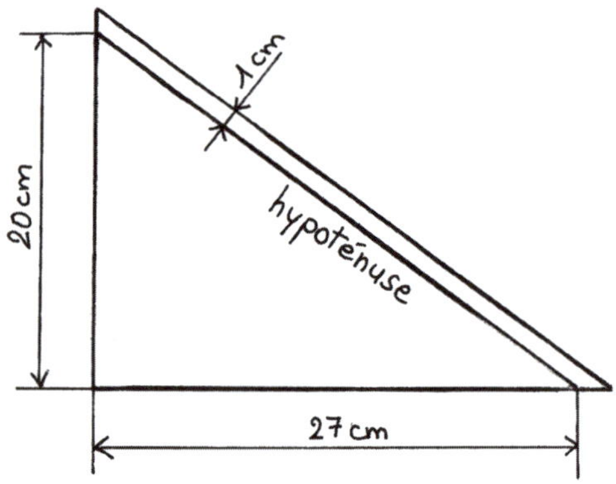

1. Coupez dans le tissu imprimé un triangle rectangle représentant la moitié de la cantonnière et ajoutez 1 cm sur l'hypoténuse.
2. Coupez dans le tissu blanc un triangle rectangle aux mêmes dimensions.
3. Coupez le poisson dans la feutrine noire selon la feuille de gabarits, ou inventez un motif selon le tissu imprimé choisi. Ici, le tissu me rappelant les vagues, j'ai décidé d'appliquer un poisson.
4. Coupez un rectangle de tissu noir de 20 cm × 27 cm pour le dessous.
5. Coupez une bande de 50 cm × 10 cm pour la goulotte.
6. Coupez dans le tissu noir 2 bandes de 5 cm × 27 cm et 2 bandes de 5 cm × 25 cm pour l'encadrement.

B FABRICATION

1. Surpiquez la forme en feutrine sur le triangle blanc, à 1 mm du bord.
2. Cousez un bouton pour l'œil.
3. Assemblez les 2 triangles rectangles par l'hypoténuse, à 1 cm.
4. Repassez la couture couchée vers le tissu imprimé.
5. Épinglez le rectangle obtenu avec la cantonnière et surpiquez la couture à 1 mm pour la maintenir couchée.
6. Fabriquez la goulotte comme pour le cadre déstructuré (voir l'étape 9 page 63) et assemblez-la sur le dessous, comme pour les deux autres cadres.
7. Positionnez l'envers du tissu du dessous contre l'envers du cadre du dessus et assemblez les deux épaisseurs par une piqûre de maintien à 2 mm du bord.
8. Assemblez les 2 bandes de 5 cm × 27 cm en haut et en bas sur le dessous du cadre, endroit contre endroit, à 1 cm.
9. Assemblez les 2 bandes de 5 cm × 25 cm de chaque côté. Ouvrez et repassez les bandes vers l'extérieur.
10. Repassez un rentré de 1 cm tout autour. Repassez ensuite en pliant en deux la bande du haut et celle du bas, puis surpiquez à 1 mm du bord de façon à recouvrir la piqûre de la couture précédente, de **A** à **B** et de **C** à **D**.
11. Repassez en pliant en deux les bandes des côtés, puis surpiquez à 1 mm du bord de façon à recouvrir également les coutures précédentes, de **E** à **F** et de **G** à **H**.

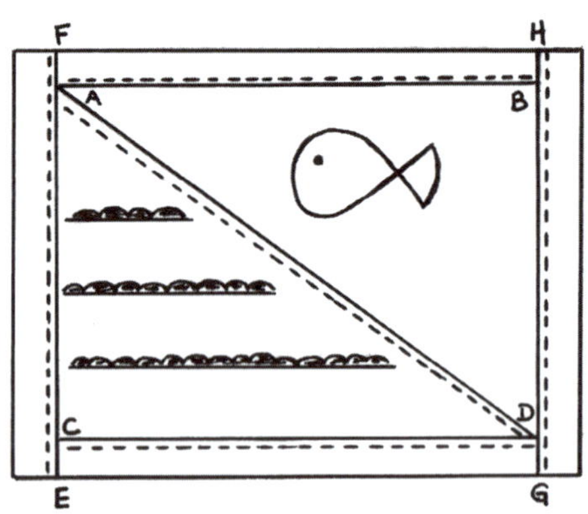

Le tapis d'éveil noir et blanc

COMPOSITION

Un tapis d'éveil molletonné noir et blanc, composé de 4 carrés mesurant 40 cm de côté. Le tapis terminé mesure environ 90 cm × 90 cm.
Les 4 carrés représentent les 4 éléments : le feu symbolisé par le soleil, l'air représenté par le ciel, la terre par des pavés et l'eau par la mer. Ce tapis comprend des formes géométriques afin d'attirer l'attention du bébé et des éléments qui se détachent par bande autoagrippante pour la préhension ou par des rubans de satin libres pour le toucher.

FOURNITURES

- Tissu de coton noir : 150 cm × 200 cm
- Tissu de coton blanc : 100 cm × 50 cm
- Molleton biologique de 2 cm d'épaisseur : 85 cm × 85 cm
- Chutes de tissu noir et blanc et de feutrine
- Bande autoagrippante : 20 cm
- Ruban noir en satin de 20 ou 25 mm de large : 200 cm
- Cantonnière : 20 cm × 30 cm

1. Fabrication des carrés

Attention, veillez à bien laver le tissu noir de façon qu'il dégorge et qu'il ne déteigne pas sur le blanc au moment de laver le tapis.

A LE CARRÉ DAMIER (ÉLÉMENT TERRE)

Pour fabriquer le damier, la technique est la même que pour le cube damier du mobile géométrique (voir page 44) ou le cadre damier noir et blanc (voir page 64).

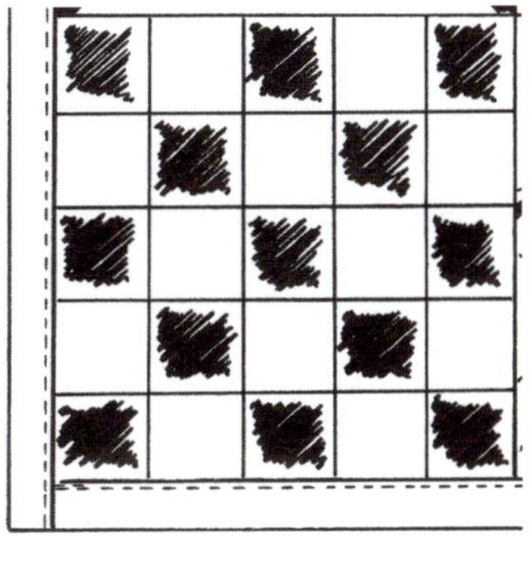

Pour un carré de 40 cm × 40 cm

1. Coupez 5 bandes de tissu blanc et 5 bandes de tissu noir de 10 cm × 30 cm.
2. Assemblez 2 bandes noires avec 3 bandes blanches et 2 bandes blanches avec 3 bandes noires.

3. Surpiquez les coutures couchées du même côté, une fois sur la bande blanche, une fois sur la bande noire.
4. Coupez des bandes de 10 cm dans le sens vertical. Vous obtenez des bandes noir/blanc/noir/blanc/noir et blanc/noir/blanc/noir/blanc.
5. Assemblez 5 bandes en alternant les couleurs. Vous obtenez 5 × 5 carrés de 8 cm de côté.

B LE CARRÉ « LA MER » (ÉLÉMENT EAU)

1. Coupez un carré de 42 cm de côté dans le tissu blanc pour le fond.
2. Dessinez au crayon des vagues au gré de votre imagination.
3. Surpiquez-les avec des points fantaisie, des points plus ou moins longs, des zigzag.

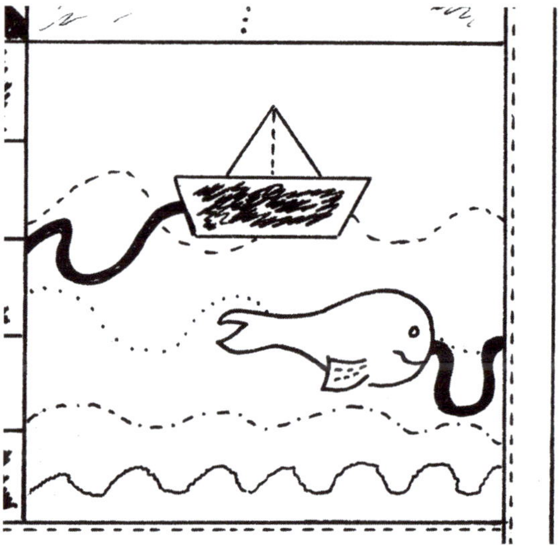

Les éléments amovibles

A. La baleine

1. D'après le gabarit de la feuille de gabarits ou votre dessin, découpez une forme de baleine dans de la feutrine noire épaisse et une autre dans la cantonnière.
2. Sur la cantonnière, qui formera le dessous, piquez un morceau de bande autoagrippante côté crochets.
3. Assemblez ensuite la baleine en feutrine avec le dessous en cantonnière, envers contre envers, en les surpiquant sur tout le pourtour à longs points, à 1 mm du bord.
4. Pour les détails comme les nageoires, la bouche et l'œil, surpiquez en blanc.
5. Coupez un ruban de 30 cm et appliquez-le sous la tête de la baleine en faisant un point d'arrêt sur la surpiqûre du bord faite à l'étape 3.
6. Piquez l'autre partie du ruban sur le bord du carré.

B. Le bateau

1. Coupez la voile dans la feutrine noire selon le gabarit de la feuille de gabarits.
2. Dans un morceau de tissu imprimé ou uni selon votre goût, découpez la forme de la coque en la mettant au pli comme sur le dessin ci-dessous.

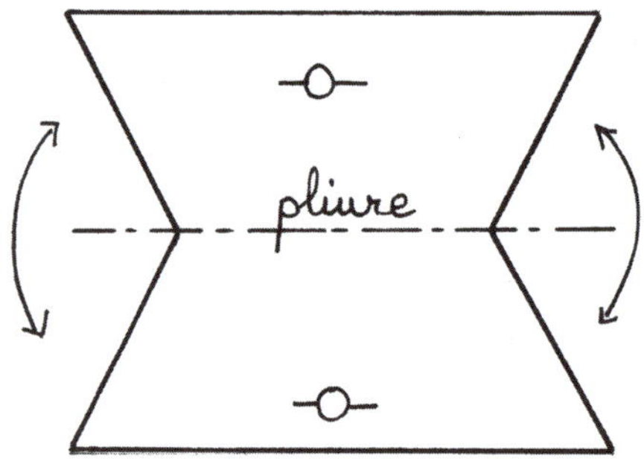

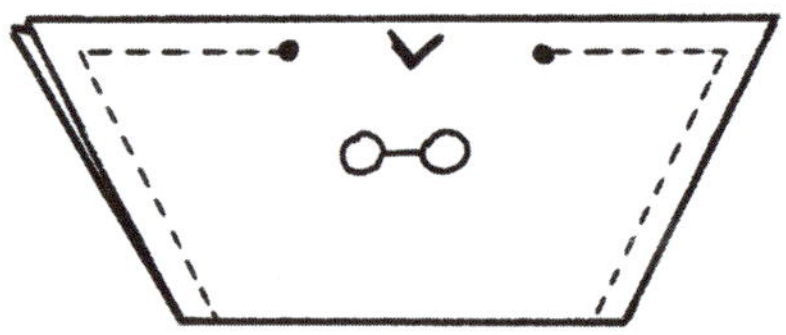

3. Piquez à 1 cm, endroit contre endroit, selon la pliure et laissez une ouverture sur le haut (nommée **V** sur le schéma) pour insérer la voile en feutrine.
4. Retournez par l'ouverture.
5. Insérez la feutrine dans l'ouverture et surpiquez tout autour pour refermer.
6. Surpiquez en blanc le mât et les voiles sur la feutrine.
7. Assemblez un rectangle de bande autoagrippante côté crochets sur le dessous de la coque.
8. Coupez un ruban de 30 cm et appliquez-le sur le côté de la coque en faisant un point d'arrêt sur la surpiqûre du bord faite à l'étape 5.
9. Piquez l'autre partie du ruban sur le bord du carré.

C LE CARRÉ « LE CIEL » (ÉLÉMENT AIR)

1. Coupez un carré de tissu noir de 42 cm × 42 cm pour le fond.
2. Découpez 3 formes de nuage dans la cantonnière blanche ou la feutrine d'après les gabarits de la feuille de gabarits, ou dessinez vous-même des formes de nuage issues de votre imagination.
3. Découpez une silhouette d'oiseau dans du tissu imprimé noir et blanc, par exemple, que vous aurez préalablement thermocollé.

4. Découpez une autre silhouette d'oiseau, plus ou moins grande selon vos envies, de la même façon.
5. Dessinez au crayon à tissu effaçable ou à la craie de tailleur des spirales représentant le vent.
6. Surpiquez-les avec des points droits ou fantaisie selon les possibilités offertes par votre machine.
7. Appliquez ensuite les nuages et les oiseaux sur le carré de tissu noir, le plus harmonieusement possible, au point droit ou zigzag serré pour le tissu.

D LE CARRÉ « LE SOLEIL » (ÉLÉMENT FEU)

1. Coupez un carré de tissu blanc de 42 cm × 42 cm pour le fond.
2. Après avoir thermocollé un carré de tissu imprimé noir et blanc de 15 cm de côté, découpez-y un disque de 13 cm de diamètre.
3. Centrez ce disque sur le carré de tissu blanc et épinglez-le.
4. Coupez 4 bandes de 23 cm et 4 bandes de 11 cm de ruban de satin noir pour représenter les rayons du soleil.
5. Faites un ourlet de 1 cm × 1 cm à l'une des extrémités de chaque bande de 11 cm.
6. Positionnez les 4 bandes de 23 cm au départ des angles du carré et glissez-les sous le soleil, sur au moins 1 cm, puis épinglez.
7. Positionnez les 4 bandes de 11 cm sous le soleil, à l'équerre, aux points cardinaux, l'extrémité non ourlée glissée sous le soleil sur au moins 1 cm, puis épinglez.
8. Surpiquez à la moitié des 4 grandes bandes et dans les angles pour les maintenir.
9. Piquez tout le pourtour du soleil avec un point zigzag serré. Ainsi les bandes et le soleil seront maintenus en une seule piqûre.

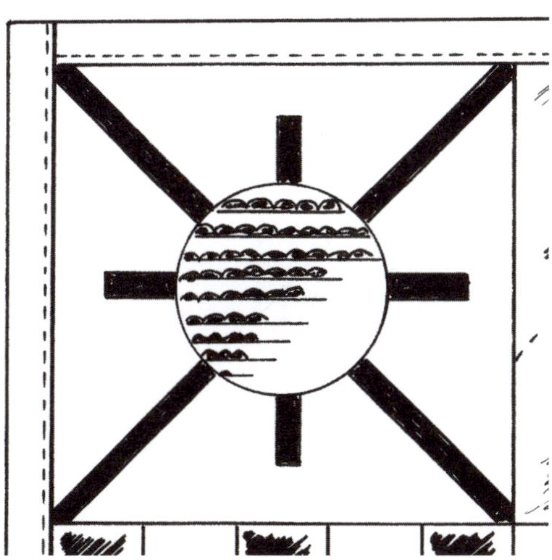

2. Assemblage des 4 carrés formant le dessus du tapis

Assemblez les carrés de la façon suivante.

3. Fabrication du tapis

1. Découpez un carré de tissu noir uni de la même dimension que le carré de molleton (85 cm × 85 cm) pour le dessous.
2. Positionnez le carré de tissu noir, le carré de molleton et le dessus formé par les 4 carrés rassemblés.
3. Épinglez les 3 épaisseurs bien à plat à différents endroits, notamment au niveau des coutures.
4. Vous pouvez réaliser l'assemblage des 3 épaisseurs à grands points à la main ou, si vous disposez d'un pied presseur double entraînement, à la machine. Partez du centre du tapis et surpiquez à longs points jusqu'aux extrémités, sur les coutures de jonction des carrés.
5. Pour une meilleure tenue, vous pouvez ajouter des points de maintien à différents endroits, par exemple au centre des pavés du damier ou sur les côtés. Cette technique d'assemblage s'apparente au patchwork ; c'est une base du quilting décrite ici de façon sommaire.
6. Coupez 4 bandes de 10 cm × 100 cm environ de tissu noir pour les finitions des bordures.
7. Appliquez les bandes en bas et en haut, endroit contre endroit, à 1 cm du bord sur le dessous du tapis.
8. Repassez en couchant les bandes vers l'extérieur.
9. Appliquez ensuite les bandes à droite et à gauche, endroit contre endroit, de la même façon, en superposant les bandes à chaque extrémité sur environ 10 cm.
10. Repassez en couchant les bandes vers l'extérieur.
11. Pliez tout autour sur 1 cm, puis pliez la bande en deux de façon qu'elle recouvre de 2 mm environ la couture précédente sur le dessus du tapis.
12. Épinglez de façon à obtenir des bordures bien régulières.
13. Surpiquez les bandes du haut et du bas, puis celles des côtés droit et gauche.
14. Repassez.

Les sacs stéréognostiques

D'OÙ VIENT LE TERME « STÉRÉOGNOSTIQUE » ?

Étymologiquement, le grec *stéréos* signifie « solide » et *gnos* « la connaissance ». Il s'agit donc de reconnaître la forme, le volume des objets par la perception tactile. Maria Montessori estimait que cette faculté est un sixième sens chez l'homme. Le cerveau peut alors créer une image tridimensionnelle permettant l'assimilation des images chez l'enfant.

COMMENT S'EN SERT-ON ?

Il existe plusieurs types d'activités avec ces sacs.
– Les sacs à objets généraux : un seul sac avec divers objets du quotidien.
– Les sacs à objets classifiés : un seul sac avec différents objets ayant un thème commun (la cuisine, la nature, le bricolage).
– Les sacs avec des objets à assembler en paires (2 sacs avec des objets identiques).

FOURNITURES

- Tissu : 45 cm × 70 cm
- Cordon ou ruban : 60 cm

A COUPE

1. Coupez un rectangle de tissu de 42 cm × 32 cm pour le dessus (extérieur du sac).
2. Coupez un rectangle de tissu de 42 cm × 32 cm pour la doublure (cela peut être dans un tissu assorti).

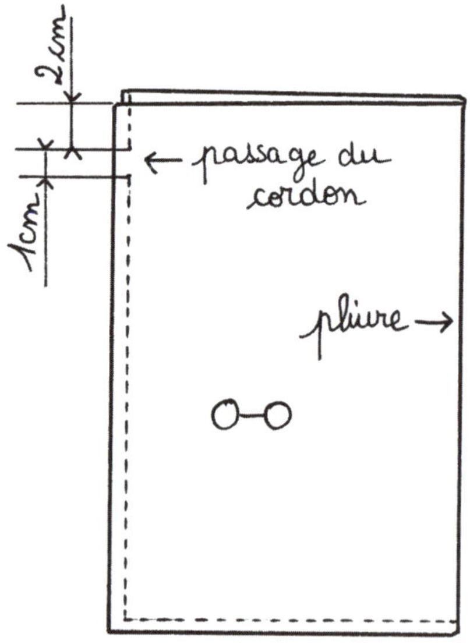

B FABRICATION

1. Surfilez tout le pourtour des 2 rectangles.
2. Pliez le tissu extérieur en deux dans le sens de la largeur, endroit contre endroit. Vous obtenez un rectangle de 21 cm × 32 cm.
3. Piquez sur 2 cm à 1 cm du bord (dans le sens de la hauteur) ; faites un point d'arrêt début et fin. Laissez un vide de 1 cm qui servira au passage du cordon, puis recommencez à 1 cm du bord jusqu'en bas. Tournez à 1 cm du bord dans l'angle, puis piquez jusqu'à la pliure.

4. Pliez le tissu de la doublure en deux, endroit contre endroit, et piquez de la même façon que pour le dessus, sans laisser le vide de 1 cm.
5. Repassez les coutures ouvertes sur la hauteur afin de faciliter ensuite le passage du ruban.
6. Retournez par l'ouverture le sac du dessus.
7. Insérez le sac du dessus dans le sac doublure resté à l'envers, en faisant coïncider les coutures des côtés.
8. Épinglez le haut des sacs ensemble, endroit contre endroit.
9. Assemblez à 1 cm du bord, en laissant une ouverture de 10 cm environ (**o**).
10. Retournez par l'ouverture **o**.
11. Posez le sac doublure et le sac du dessus face à face, comme ci-dessous, et repassez.

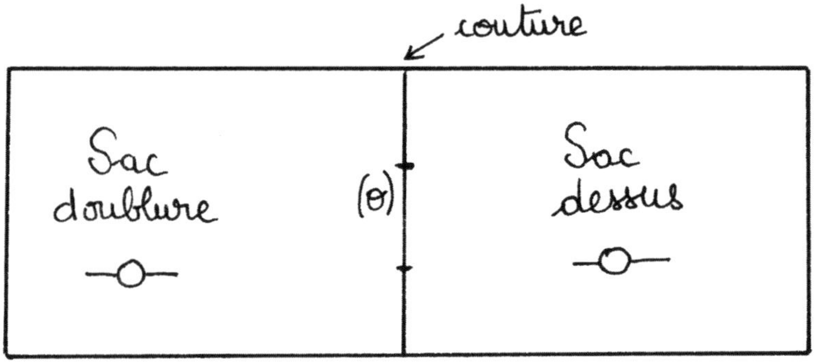

12. Glissez le sac doublure dans le sac du dessus et repassez.
13. Surpiquez le haut du sac ainsi assemblé à 1 mm du bord pour fermer l'ouverture.
14. Puis surpiquez à 1 cm et 2 cm sur tout le pourtour, de façon à former la coulisse pour le cordon de chaque côté du vide de 1 cm laissé au départ.

15. Maintenez le ruban sur une épingle à nourrice et passez celle-ci par l'ouverture de 1 cm de façon à le faire coulisser. Suivant la matière du ruban, nouez les deux extrémités ensemble ou piquez-les. S'il s'agit d'un ruban de satin comme présenté sur ce modèle, n'hésitez pas à brûler légèrement les bords afin qu'ils ne s'effilochent pas.
Laissez maintenant votre imagination déborder pour que le contenu des sacs soit réaliste, concret et agréable pour l'enfant.

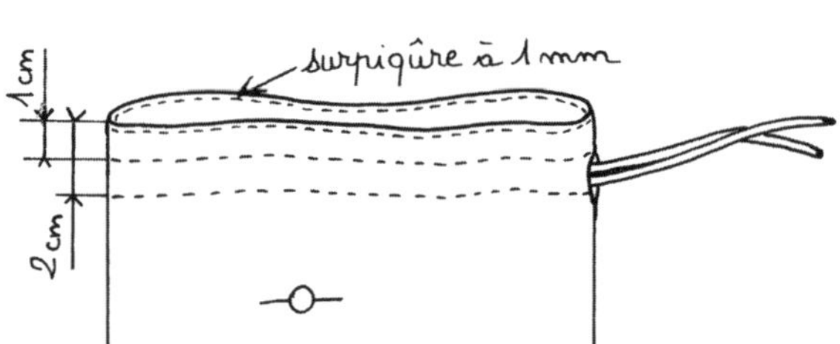

SALON

Les cadres d'habillage

Un cadre d'habillage est, dans la pédagogie Montessori, un cadre en bois sur lequel sont fixées des parties en tissu qui s'attachent par un moyen de fermeture. Soit le cadre est fabriqué avec des tasseaux vissés ou collés, ronds ou carrés, soit cela peut être un entourage de cadre photo.

Les moyens de fermeture sont ceux que l'on trouve au quotidien et qui doivent être présentés à l'enfant dans un certain ordre de difficulté : bande autoagrippante, fermeture à glissière non séparable, gros boutons, pressions, boucles de survie, fermeture à glissière séparable, petits boutons, nœuds. Il existe beaucoup de moyens de fermeture, l'important est de privilégier ceux que l'enfant est amené à utiliser dans son environnement. Un cadre d'habillage ne comprend qu'un seul moyen de fermeture : une difficulté à la fois.
L'objectif du cadre d'habillage est d'apporter à l'enfant un support sur lequel il va pouvoir s'exercer, manipuler et affiner son geste. Son utilisation permet la répétition qui peut développer une maîtrise du geste, une concentration de l'enfant et donc l'amener vers une certaine autonomie, notamment dans l'habillage.

RECOMMANDATIONS RELATIVES À LA FABRICATION

Pour le cadre

– Si le cadre en bois est de fabrication artisanale, prévoyez plutôt 2 vis sur des tasseaux, qui permettent de rendre le cadre amovible pour pouvoir coulisser les morceaux de tissu.
– Si vous utilisez un cadre photo, la coulisse ne doit pas être effectuée d'avance. Formez-la autour du cadre, épinglez-la et piquez-la à la machine si possible. Sinon vous pouvez utiliser des clous de tapissier pour fixer le tissu sur le cadre.

Pour le tissu

– Le moyen de fermeture doit être centré dans le cadre.
– Le tissu ne doit être ni trop tendu (difficulté supplémentaire pour l'ouverture et la fermeture) ni trop lâche (rendu esthétique moyen et pas pratique pour la manipulation).
– Le tissu doit être attrayant, de bonne qualité. Il faut choisir de préférence du coton non élastiqué, d'épaisseur moyenne. Le tissu doit avoir une bonne tenue ; n'hésitez pas à le thermocoller pour un meilleur maintien ou à le matelasser.

Cadres
d'habillage

– Si vous choisissez un tissu à motifs, veillez à ce que le moyen de fermeture ne soit pas noyé dans les motifs. Le centre d'intérêt est le moyen de fermeture.
– Les dimensions des tissus données dans les pas-à-pas tiennent compte des dimensions intérieures du cadre et du vide laissé entre le tissu et le cadre afin de faciliter la manipulation.

1. Premier modèle : le cadre à fermeture à glissière non séparable

FOURNITURES

Pour un cadre en bois de 25 cm × 25 cm environ

- Tissu plus ou moins épais : 30 cm × 80 cm
- Thermocollant si le tissu est fin : 30 cm × 80 cm
- 1 fermeture à glissière non séparable de 20 cm

FABRICATION

1. Coupez 2 rectangles de tissu de 37 cm × 27 cm.
2. Prenez un morceau de tissu et assemblez un côté de la fermeture sur une des hauteurs de 27 cm.

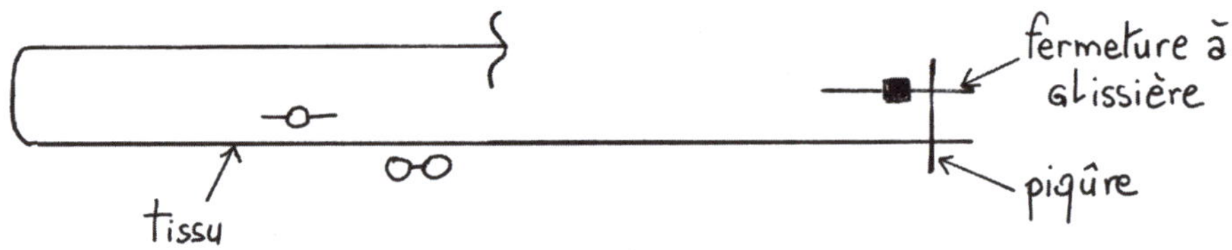

3. Assemblez le dessous du coupon du même côté, sur le dessous de la fermeture.

4. Recommencez les opérations 2 et 3 avec le deuxième rectangle, sur l'autre côté de la fermeture à glissière.
5. Assemblez les hauts et bas des 2 rectangles en laissant une ouverture d'environ 10 cm, soit en haut, soit en bas, pour pouvoir retourner chaque rectangle.
6. Retournez sur l'endroit par les ouvertures.
7. Faites ressortir les angles avec une baguette. Dégarnissez les angles au besoin.
8. Repassez.
9. Surpiquez de chaque côté de la fermeture à glissière, à 1 mm, pour maintenir les épaisseurs de tissu afin que celui-ci ne se coince pas dans les dents lors de l'ouverture et de la fermeture. Surpiquez également les rectangles en haut et en bas, ce qui fermera les ouvertures.
10. Pliez sur 4,5 cm le bord opposé à la fermeture à glissière et piquez à 1 cm pour former la coulisse du cadre (pour un cadre amovible).

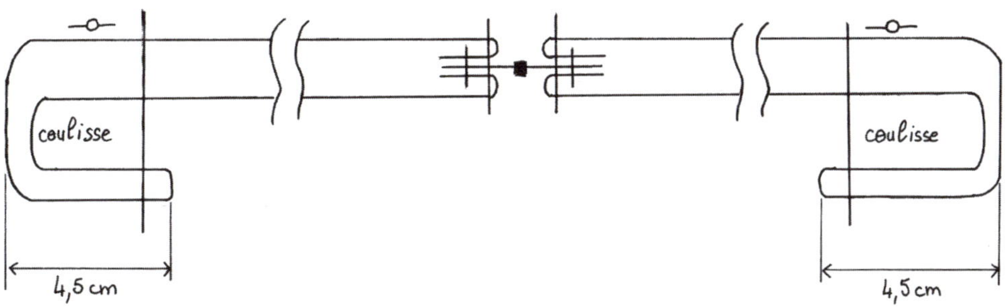

Astuce : le montage est le même pour une fermeture à glissière séparable, sauf que vous assemblez indépendamment les 2 parties de la fermeture. C'est encore plus simple de confection.

2. Deuxième modèle : le cadre « pressions »

FOURNITURES

Pour un cadre en bois de 25 cm × 25 cm

- Tissu : 90 cm × 25 cm
- Thermocollant (si le tissu est fin) : 90 cm × 25 cm
- Thermocollant (pour les pressions) : 4 bandes de 23 cm × 5 cm
- 6 pressions (KAM, Prym ou autres)

FABRICATION

1. Coupez 2 rectangles de tissu de 42 cm × 23 cm.
2. Thermocollez les rectangles si le tissu est trop fin. Dans tous les cas, thermocollez à l'emplacement des pressions sur le dessus et le dessous, à gauche comme à droite.
3. Pliez un rectangle en deux, endroit contre endroit, de façon à obtenir un rectangle de 21 cm × 23 cm. Assemblez tout le pourtour, à 1 cm du bord, en laissant une ouverture d'environ 10 cm pour retourner.
4. Retournez.
5. Repassez.
6. Surpiquez en haut et en bas pour fermer l'ouverture.
7. Pliez sur 4 cm du côté opposé à l'emplacement des pressions. Surpiquez à 1 cm pour former la coulisse.
8. Renouvelez l'opération avec le deuxième rectangle.
9. Marquez l'emplacement des pressions avec un crayon. Positionnez les pressions mâles et femelles avec l'outil adapté (soit une pince Prym, KAM…, soit un poinçon et un marteau). Les deux côtés doivent se chevaucher d'au moins 2,5 à 3 cm.

3. Troisième modèle : le cadre « noeuds »

FOURNITURES

Pour un cadre en bois de 25 cm × 30 cm

- Tissu : 50 cm × 100 cm
- 4 rubans de 25 cm d'une couleur
- 4 rubans de 25 cm de couleur contrastée

FABRICATION

1. Coupez 2 carrés de tissu de 25 cm × 25 cm pour le dessus. Coupez 2 carrés de tissu de 25 cm × 25 cm pour le dessous.
2. Positionnez les rubans à intervalles réguliers sur l'endroit des tissus du dessous et piquez-les pour les maintenir à 0,5 cm du bord de devant.

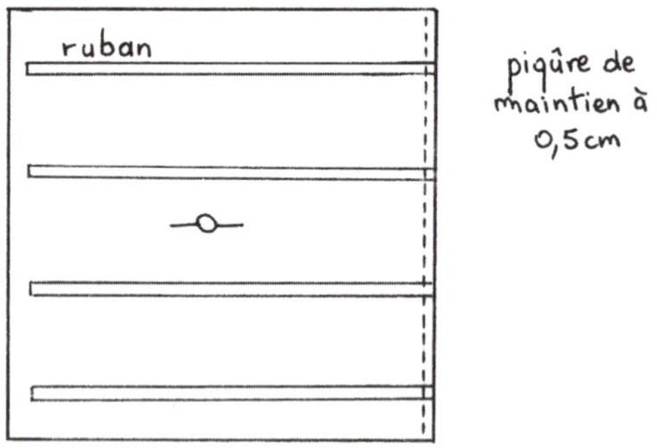

3. Coulissez 1 dessus et 1 dessous en les assemblant endroit contre endroit, en laissant une ouverture sur un côté. Faites attention à ne pas piquer les rubans qui sont libres en assemblant. Répétez l'opération avec le deuxième dessus et le deuxième dessous.

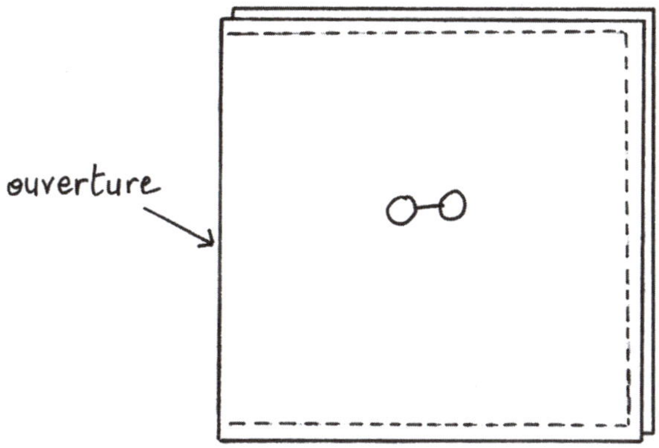

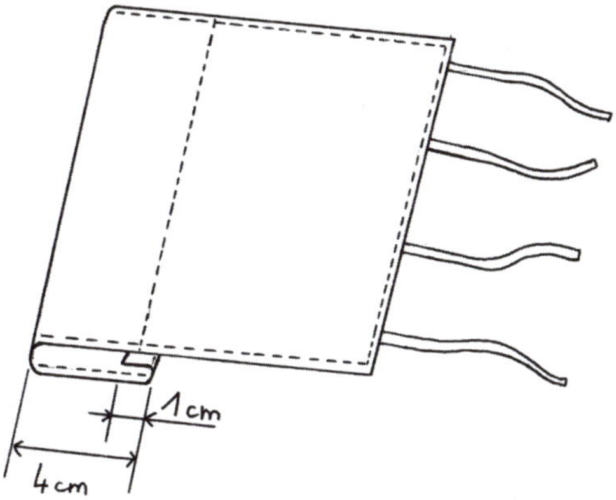

4. Retournez chaque carré par l'ouverture, en faisant bien ressortir les angles.
5. Surpiquez tout le pourtour à 1 mm du bord.
6. Sur le bord opposé aux rubans, pliez le tissu sur 1 cm, puis sur 4 cm, envers contre envers, pour former la goulotte qui permettra de coulisser le tissu sur le cadre en bois.

4. Quatrième modèle : le cadre « boutons »

FOURNITURES

Pour un cadre en bois de 25 cm × 30 cm

- Tissu : 30 cm × 100 cm
- 5 boutons de 2,2 cm de diamètre
- Thermocollant : 15 cm × 25 cm

FABRICATION

1. Coupez 2 rectangles de tissu de 40 cm × 27 cm.

2. Surfilez les 2 côtés de 27 cm de chaque rectangle.

3. Pliez chaque rectangle endroit contre endroit, dans la longueur. Vous obtenez 2 rectangles de 20 cm × 27 cm.

4. Piquez à 1 cm du bord en haut et en bas, avec des points d'arrêt en début et fin de couture.

5. Thermocollez à l'emplacement des boutonnières et des boutons pour plus de solidité, avec des bandes de 6 cm × 25 cm de thermocollant, sur 3 cm de large de chaque côté de la pliure.

6. Retournez le tissu par l'ouverture en ressortant correctement les angles. Aidez-vous d'une baguette en bois.

7. Repassez.

8. Pliez sur 4,5 cm du côté de l'ouverture de façon à former une coulisse, épinglez et piquez à 1 cm.

9. Suivant le diamètre des boutons, calculez les intervalles afin que leur espacement soit régulier. Ici, les boutons ont un diamètre de 2,2 cm. Je choisis de disposer le premier et le dernier bouton à 2,5 cm du haut et du bas, et à 1,5 cm du bord du tissu. Les trois du milieu seront donc espacés de 5 cm (du centre du bouton au centre du bouton suivant). Calculez la longueur des boutonnières afin que celles-ci soient centrées par rapport au bouton. Certaines machines à coudre possèdent un guide pour placer le bouton et la longueur se mesure automatiquement.

Pour un bouton de 2,2 cm de diamètre et 0,4 cm d'épaisseur, la boutonnière sera d'environ 3 cm, point d'arrêt compris : 2,2 cm + 0,4 cm + 0,2 cm de point d'arrêt environ.

Attention : effectuez toujours un essai de boutonnière sur une chute de tissu au préalable.

10. Marquez le début de la boutonnière avec une épingle (placée perpendiculairement à la boutonnière) ou un point à la craie de tailleur, sur le côté gauche. Effectuez le piquage de chaque boutonnière. Ouvrez délicatement la fente avec un découd-vite ou un petit ciseau à broder, ce qui est la méthode la plus prudente. Nettoyez l'intérieur des boutonnières en dégarnissant tous les fils qui dépassent.

11. Cousez les boutons sur le côté droit.

Les boutons et les boutonnières, une fois attachés, doivent être au milieu du cadre ; 1,5 cm de tissu doit se chevaucher à partir du milieu.

Le calendrier perpétuel

INSPIRATION MONTESSORI

POURQUOI TROIS PARTIES DISSOCIÉES ?

– Cela offre plus de clarté : contrairement à tous les calendriers perpétuels que l'on trouve dans le commerce, je souhaitais avant tout que l'enfant identifie clairement ce qu'il peut faire avec les éléments. Ce qui est affiché est uniquement ce qui représente le présent, le reste est rangé afin que l'enfant ne soit pas submergé par les informations. Le sens de lecture des panneaux est toujours de haut en bas et de la gauche vers la droite, comme toutes les activités Montessori pour la préparation à l'écriture et à la lecture.

– Cela donne la possibilité de le présenter panneau par panneau : en fonction de l'âge et de l'évolution de l'enfant, on propose un premier panneau, en général « La météo », qui est le plus abordable dès 2 ans, puis un deuxième, « Les saisons », qui peut être relié au tapis d'anniversaire (voir page 108) pour les cycles, et enfin le troisième panneau, « Aujourd'hui », pour la date, quand l'enfant est lecteur.

– Cela laisse la possibilité de ne fabriquer qu'un ou deux éléments, suivant les envies et les besoins de l'enfant, et selon le temps que vous pouvez accorder à la fabrication.

COMPOSITION

Chaque partie est composée d'un panneau en toile de coton épaisse doublée, renforcée par une cantonnière ou un carton rigide glissé à l'intérieur pour un meilleur maintien lors de l'utilisation. (Sur les modèles présentés, le panneau « Les saisons », qui est le plus lourd, est renforcé par un carton de calendrier ; les deux autres le sont par une ou deux épaisseurs de cantonnière.)
Le panneau comprend une patte d'accrochage sur laquelle est brodé le nom de la partie qu'elle désigne. Une baguette est glissée dans la patte d'accrochage pour suspendre le panneau à des pitons ou des gonds à visser, ou encore avec une ficelle. Sur chaque partie, des pochettes de rangement à soufflet pour stocker les étiquettes sont appliquées, ainsi que des systèmes d'accrochage différents pour la présentation des étiquettes utilisées : bande autoagrippante, pinces à linge, plastique transparent. Cela permet à l'enfant de manipuler différemment et de développer sa coordination œil-main.

VARIANTES

Il est possible de créer des cartes de langage (voir page 128) relatives au temps et de les associer aux étiquettes en feutrine. L'enrichissement du vocabulaire passe par des détails à apporter, l'observation de ce qui nous entoure et des questions à poser à l'enfant : forme des nuages, couleur des nuages, les jours qui s'allongent, la lune visible en plein jour, l'origine du nom des mois... Le temps est un sujet vaste et riche !

COMPLÉMENT

Je vous propose en complément de fabriquer la poutre du temps utilisée dans la pédagogie Montessori et que vous pourrez trouver sur le site www.alternative-montessori.com

1. Première partie : « La météo »

FOURNITURES

- Toile de coton épaisse : 55 cm × 55 cm
- Tissu imprimé pour les pochettes : 45 cm × 20 cm
- Tissu uni pour la patte d'accrochage : 40 cm × 25 cm
- Thermocollant
- Feutrine rigide sable de 2 mm d'épaisseur : 30 cm × 30 cm
- Chutes de feutrine jaune, bleu, grise, rouge et blanche de 1 mm d'épaisseur
- Cantonnière (pour les étiquettes météo) : 20 cm × 20 cm environ
- Ruban de 5 à 8 mm de large : 30 cm
- Ruban de coton de 1 cm de large, de type talonnette : 50 cm
- Cantonnière rigide ou carton de type calendrier : 52 cm × 24 cm
- Baguette de bois : 50 cm environ

COUPE

Coupez 2 rectangles de 55 cm × 27 cm dans la toile de coton épaisse et 1 rectangle de 52 cm × 24 cm dans la cantonnière ou le carton rigide. Sur un des rectangles en tissu, créez une séparation entre les parties « Ciel » et « Vent », au milieu (à 27,5 cm de hauteur), soit avec un ruban appliqué, soit avec une surpiqûre.

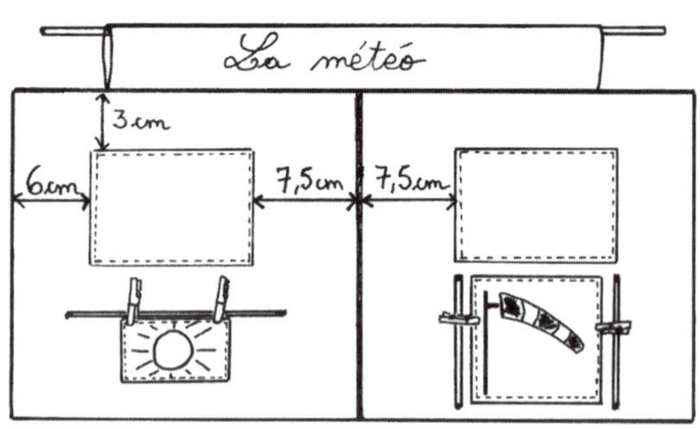

saisons
Automne
météo

A FABRICATION DE LA PARTIE « CIEL »

1. Étiquettes météo en feutrine

1. Coupez 12 rectangles de 8 cm × 5 cm de feutrine de 2 mm d'épaisseur. Coupez également 6 rectangles de cantonnière de 8 cm × 5 cm, qui seront insérés entre 2 rectangles de feutrine pour les renforcer.
2. Découpez dans la feutrine de 1 mm d'épaisseur, selon les patrons, les symboles correspondant à chaque phénomène météo : nuageux, couvert, ensoleillé, pluvieux, neigeux, orageux.
3. Brodez au point avant les formes découpées sur des rectangles de feutrine (voir la technique des points de broderie page 13), avec 2 fils de coton mouliné ou 1 fil de coton perlé. Si vous serrez bien les points, le relief des formes va s'intensifier. Pour la neige, brodez des points de nœud.
4. Positionnez un rectangle de cantonnière et un deuxième rectangle de feutrine au dos de la feutrine brodée et assemblez à la machine, à 1 mm du bord, sur tout le pourtour. Cette opération permet d'obtenir un symbole météo propre en finition.

Astuce : pour éviter de coudre à la main, vous pouvez appliquer les formes à la machine, mais le rendu peut être moins esthétique suivant la qualité du point. De plus, le coton mouliné ou perlé permet d'obtenir plus de relief. Tout dépend du résultat désiré et du temps que vous souhaitez consacrer à la réalisation.

2. Pochette de rangement des étiquettes « météo »

Dimension finie hors soufflet : 12 cm × 9 cm

Si le tissu choisi est assez fin, n'hésitez pas à le thermocoller et à faire un essai de pliage pour former un soufflet. La pochette doit être suffisamment rigide pour soutenir le contenu et résister aux manipulations.

1. Coupez 1 rectangle de tissu imprimé de 22 cm × 20 cm.
2. Pliez endroit contre endroit dans le sens de la hauteur et piquez à 1 cm du bord les 2 côtés de 10 cm.
3. Retournez et repassez.
4. Surpiquez à 1 mm les 3 côtés assemblés (**a**).
5. Formation du soufflet : pliez à 4 cm de chaque côté et surpiquez à 1 mm pour maintenir le pli (**b**). Pliez ensuite en deux de chaque côté de façon à obtenir un soufflet de 2 cm sur 2 cm (**c**). Surfilez en bas pour maintenir les soufflets en place.
6. Pliez le bas de la pochette sur 1 cm et repassez pour maintenir ce pli (**d**).
7. Positionnez la pochette à son emplacement sur le panneau, en haut à gauche, à 7 cm du bord gauche et à 4 cm du haut. Épinglez.
8. Piquez le bas de la pochette à 2 mm du bord (**e**).

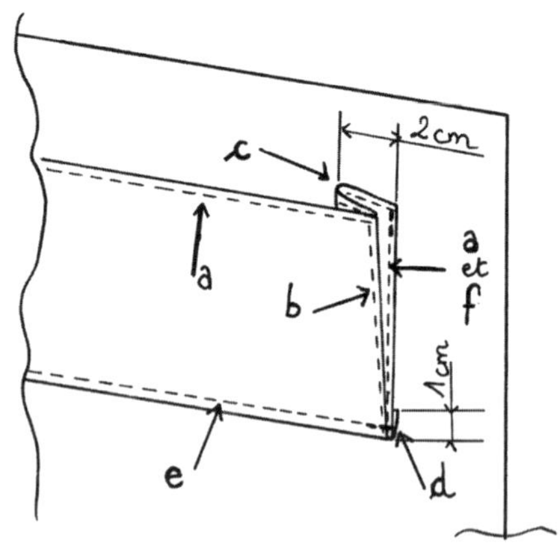

9. Assemblez les côtés à 1 mm du bord, en commençant à piquer par le haut et en descendant dans le creux du soufflet (**f**), sur la surpiqûre verticale (**a**) effectuée à l'étape 4.
Attention aux épaisseurs dans les angles. N'oubliez pas les points d'arrêt début et fin.

3. Système d'accrochage des étiquettes « météo »
1. Coupez une bande de 20 cm de ruban de coton.
2. Positionnez-le sous la pochette de rangement. Piquez au point zigzag les extrémités après les avoir repliées sur 1 cm et faites des points d'arrêt.

B FABRICATION DE LA PARTIE « VENT »

1. Étiquettes « manche à air » (ou anémomètre)
La manche à air est composée d'un mât piqué au point zigzag et d'un manchon conique rouge et blanc, en feutrine et en cantonnière, appliqué à la machine. Il y a 3 étiquettes pour 3 forces de vent : pas de vent, vent faible et vent fort sur la feuille de gabarits.
1. Photocopiez ou décalquez les 3 manches à air (voir la feuille de gabarits). Découpez dans la feutrine rouge les 3 manchons coniques entiers. Puis découpez dans du papier les parties blanches de chaque manche à air et reportez-les sur la cantonnière ou épinglez-les et découpez-les.
2. Coupez 6 carrés de 10 cm × 10 cm de feutrine de 2 mm d'épaisseur pour le fond des étiquettes et 3 carrés de cantonnière de 10 cm × 10 cm.
3. Sur un carré de feutrine, piquez au point zigzag serré un mât de manche à air, après l'avoir tracé au crayon ou au stylo à tissu, avec du fil noir ou marron.
4. Appliquez un manchon rouge au point droit comme sur le patron, puis positionnez les parties blanches et appliquez-les par-dessus avec du fil blanc, au point droit.
5. Positionnez un carré de cantonnière et un deuxième carré de feutrine au dos et surpiquez à 1 mm sur tout le pourtour.
6. Répétez les opérations 3 à 4 pour les 2 autres manches à air.

2. Pochette de rangement des étiquettes « manche à air »
La fabrication est la même que pour la pochette de rangement des étiquettes météo, avec les mêmes dimensions. Pour son emplacement sur le panneau, reportez-vous au schéma. Pour terminer, positionnez verticalement les 2 rubans sous la pochette de rangement afin de pouvoir accrocher les étiquettes « manche à air » avec des pinces en bois.

C FABRICATION DE LA PATTE D'ACCROCHAGE DU PANNEAU

Pour suspendre le panneau, il faut créer une bande dans laquelle on glissera une baguette qui sera accrochée sur des gonds ou attachée à un cordon.
1. Coupez 2 bandes de tissu uni de 37 cm × 12 cm.
2. Assemblez-les endroit contre endroit sur les côtés de 12 cm.

3. Retournez sur l'endroit et repassez.
4. Surfilez les 2 longueurs afin qu'elles ne s'effilochent pas.
La patte d'accrochage mesure ainsi 35 cm × 12 cm.

D BRODERIE SUR LA PATTE D'ACCROCHAGE

Il est possible de broder manuellement au point avant ou au point de tige après avoir écrit les mots au crayon de tailleur ou pour tissu effaçable.
Il est également possible, comme sur le modèle présenté, de broder à la machine. Pas besoin d'avoir une brodeuse ! Ma technique consiste à écrire au feutre effaçable ou au crayon de tailleur de façon bien visible. Ensuite, réglez la machine sur une longueur de point droit assez courte (par exemple 1 ou 1,5 mm), de façon à pouvoir piquer les courbes le plus facilement possible. Une fois ces points droits effectués, réglez la machine sur un point zigzag serré en largeur et en longueur, de type point bourdon (2 mm de largeur et 0,5 mm de longueur si possible), et repiquez au-dessus du point droit. Le résultat obtenu est plutôt esthétique.
Et si vous préférez, il y a toujours la technique du papier transfert pour tissu, en imprimant le mot à la taille voulue. Pensez à imprimer en miroir !

E ASSEMBLAGE FINAL DU PANNEAU

1. Pliez la patte d'accrochage en deux dans le sens de la longueur (35 cm × 6 cm) pour former une goulotte.
2. Positionnez la patte sur le panneau du dessus, endroit contre endroit, goulotte vers le bas, en la centrant. Épinglez.
3. Positionnez le panneau du dessous endroit contre endroit. Épinglez.
4. Assemblez sur 3 côtés à 1 cm du bord, en laissant un coté de 27 cm ouvert afin de pourvoir retourner le panneau.
5. Retournez en faisant ressortir les angles avec une baguette et repassez.
6. Glissez le renfort choisi (cantonnière rigide ou carton de 52 cm × 24 cm) par l'ouverture.
7. Fermez l'ouverture à la main.

2. Deuxième partie : « Les saisons »

Ce panneau est composé :
– d'une pochette de rangement des cartes « arbre » ;
– d'une bande autoagrippante sur laquelle accrocher les cartes « arbre » ;
– d'une pochette de rangement des étiquettes « saison » ;
– d'une bande autoagrippante sur laquelle accrocher les étiquettes « saison ».

Les saisons

Le schéma ci-dessous représente le panneau fini ; les mesures indiquées ne comprennent donc pas les valeurs de couture de 1 cm.

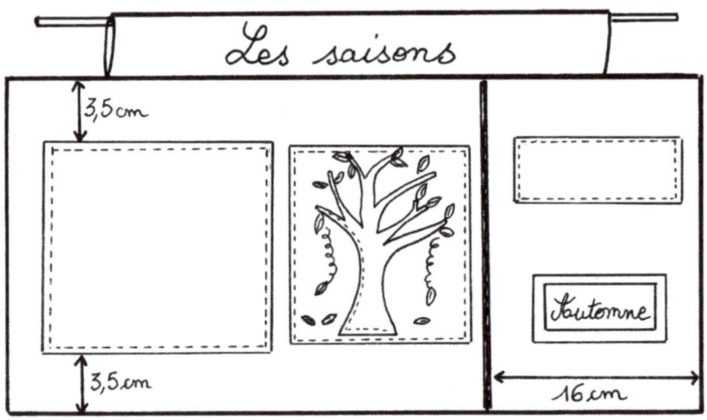

FOURNITURES

- Tissu de coton épais : 55 cm × 55 cm
- Tissu imprimé pour les pochettes : 50 cm × 40 cm
- Tissu uni pour la patte d'accrochage : 40 cm × 25 cm
- Thermocollant
- Feutrine rigide beige de 2 mm d'épaisseur : 3 feuilles de 30 cm × 30 cm
- Chutes de feutrine rose, rouge, jaune, bleu, vert, marron… de 1 mm d'épaisseur pour les fleurs, les feuilles, les fruits
- Feutrine marron de 1 ou 2 mm d'épaisseur (dans 1 feuille de 30 cm × 30 cm, il est possible de découper 8 arbres : 4 pour le calendrier perpétuel et 4 pour le tapis d'anniversaire, voir page 108)
- Cantonnière : 4 carrés de 15 cm × 15 cm + 4 rectangles de 10 cm × 5 cm
- Ruban de 5 à 8 mm de large : 30 cm
- Bande autoagrippante de 2 cm de large : 140 cm
- Carton rigide : 52 cm × 24 cm
- Baguette de bois : 50 cm environ

COUPE

Coupez 2 rectangles de 55 cm × 27 cm dans le coton épais pour le panneau.

A FABRICATION DE LA POCHETTE DE RANGEMENT DES CARTES « ARBRE »

1. Coupez 2 rectangles de 25 cm × 19 cm dans le tissu de votre choix. Thermocollez-les au besoin.
2. Pour la fabrication de la pochette, reportez-vous aux instructions de la partie « La météo », page 90.

B FABRICATION DES CARTES « ARBRE » (Utiliser la feuille des gabarits)

1. Découpez 8 carrés de 15 cm × 15 cm de feutrine beige de 2 mm d'épaisseur, soit 2 par saison.
2. Découpez un arbre dans la feutrine marron selon le gabarit. En ce qui concerne les autres éléments, vous pouvez découper à main levée les feuilles, de forme ovale, les fleurs en forme de triskèle et les fruits de forme ronde : ces formes simples se découpent facilement dans la feutrine de 1 mm.
3. Appliquez l'arbre en le centrant sur un carré de feutrine beige, à la machine, à petits points, comme sur le gabarit. Appliquez, selon la saison, les éléments de la façon suivante.
– Hiver : arbre seul. Appliquez un bonhomme de neige à côté et cousez des flocons de neige au point de nœud.
– Printemps : appliquez l'arbre, puis 8 à 10 feuilles vertes en piquant chaque ovale. Appliquez ensuite environ 5 fleurs roses ou blanches, avec un petit point d'arrêt pour former le cœur de la fleur.
– Été : appliquez d'abord la couronne verte (représentant l'ensemble des feuilles), puis l'arbre, puis les fruits, c'est-à-dire environ 10 ronds rouges ou jaunes.
– Automne : appliquez l'arbre, puis les feuilles de différentes couleurs au sol et sur l'arbre, soit 15 feuilles environ au total.
4. Cousez la partie velours de 2 bandes autoagrippantes de 12 cm de long sur un deuxième carré de feutrine : une en haut, à 2 cm du bord, et l'autre à 2 cm du bas. (On coud la partie velours de la bande sur la carte « arbre » afin qu'elle ne s'accroche pas aux autres lorsqu'elles sont rangées dans la pochette.)
5. Superposez le carré de feutrine avec l'arbre face dessus, un carré de cantonnière et le carré avec la bande autoagrippante face dessous. Épinglez et piquez sur tout le pourtour à 2 mm du bord afin de maintenir les 3 épaisseurs ensemble.
6. Répétez les étapes 2 à 5 pour les 3 autres saisons.

C FABRICATION DE LA POCHETTE DE RANGEMENT DES ÉTIQUETTES « SAISON »

1. Coupez 2 rectangles de 22 cm × 12 cm dans le tissu de votre choix. Thermocollez-les au besoin.
2. Pour la fabrication de la pochette, reportez-vous aux instructions de la partie « La météo », page 90.

D FABRICATION DES ÉTIQUETTES « SAISON »

1. Photocopiez les étiquettes « saison » (feuille de gabarits) ou imprimez les étiquettes de votre choix dans des rectangles de 8 cm × 4 cm environ. Après les avoir découpées, plastifiez-les et découpez-les à 1 ou 2 mm du bord.
2. Découpez 4 rectangles de 10 cm × 5 cm de feutrine de 2 mm d'épaisseur.
3. Piquez une étiquette « saison » plastifiée sur chaque rectangle de feutrine.
4. Piquez le côté velours d'une bande autoagrippante de 8 cm sur chaque rectangle de 10 cm × 5 cm de cantonnière.
5. Assemblez les rectangles étiquettes et les rectangles de cantonnière à 1 mm du bord, envers contre envers.

E ASSEMBLAGE FINAL DU PANNEAU

1. Assemblez le ruban de séparation sur un des rectangles de coton épais de 55 cm × 27 cm, à 18 cm du bord droit, dans le sens vertical.
2. Assemblez la pochette de rangement des cartes « arbre » dans la partie gauche, à 5 cm du bas et 3 cm du bord.
3. Assemblez la pochette de rangement des étiquettes « saison » dans la partie droite, à 5 cm du haut et 3 cm du bord.
4. Positionnez la partie « crochets » des bandes autoagrippantes sur le panneau : les 2 bandes de 12 cm pour accrocher la carte « arbre » à droite de la pochette de rangement et la bande de 8 cm sous la pochette de rangement des étiquettes « saison », de façon centrée. Assemblez à la machine.
5. Fabriquez la patte d'accrochage de la même manière que pour la partie « La météo » (voir page 91).
6. Assemblez le dessus du panneau, le dessous et la patte d'accrochage comme pour la partie « La météo » (voir page 92). Glissez le carton par l'ouverture et fermez à la main.

3. Troisième partie : « Aujourd'hui »

Ce panneau est composé de 3 parties.
– Une partie « Le jour » avec une pochette de rangement pour les étiquettes des jours de la semaine et une pochette visuelle pour afficher l'étiquette du jour.
– Une partie « La date » avec une pochette de rangement pour les chiffres des dates séparée par une surpiqûre pour les dizaines et les unités, et une pochette visuelle pour afficher la date.
– Une partie « Le mois » avec une pochette de rangement pour les étiquettes des mois de l'année et une pochette visuelle pour afficher l'étiquette du mois en cours. Le schéma ci-contre représente le panneau fini ; les mesures indiquées ne comprennent donc pas les valeurs de couture de 1 cm.

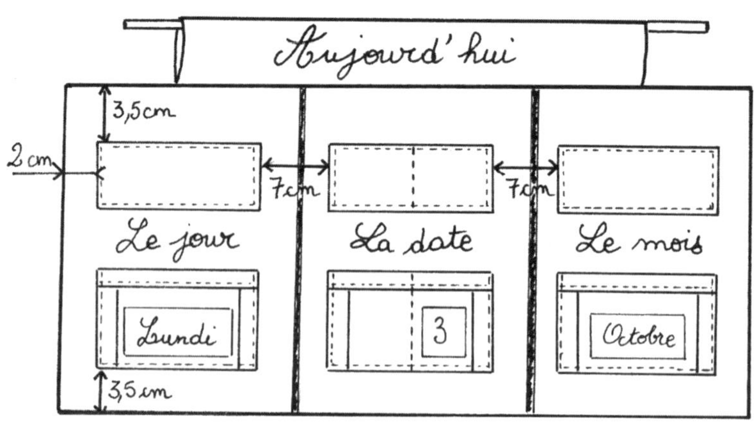

FOURNITURES

- Tissu de coton épais : 55 cm × 55 cm
- Tissu imprimé pour les pochettes : 70 cm × 20 cm
- Tissu uni pour la patte d'accrochage : 40 cm × 25 cm
- Thermocollant
- Toile plastique transparente (vendue au mètre au rayon des nappes, surnappes) : 20 cm
- Ruban de 5 à 8 mm de large : 60 cm
- Carton rigide ou cantonnière : 52 cm × 24 cm
- Baguette de bois : 50 cm environ

COUPE

1. Coupez 2 rectangles de coton épais de 55 cm × 27 cm pour le panneau.
2. Séparez en trois le dessus du panneau, dans la longueur, avec 2 rubans appliqués ou 2 surpiqûres.

A FABRICATION DES ÉTIQUETTES « JOUR », « DATE » ET « MOIS »

Photocopiez les modèles de la feuille de gabarits ou fabriquez vos propres étiquettes avec la police de votre choix. Il est possible d'utiliser des lettres capitales ou minuscules, mais aussi cursives. L'idéal est de les imprimer sur papier épais (120 g) et de les plastifier.
Ici, les étiquettes mesurent 8 cm × 3 cm. Pour plastifier durablement, découpez les étiquettes et espacez-les de 5 mm sur la feuille de plastification afin d'avoir au moins 2 mm tout autour une fois qu'elles seront plastifiées.

B FABRICATION D'UNE POCHETTE AVEC PLASTIQUE (POCHETTE VISUELLE)

1. Coupez un rectangle de 8 cm × 14 cm dans de la toile plastique transparente.
2. Coupez 1 rectangle de tissu de 14 cm × 5 cm.
3. Assemblez cette bande en haut du plastique, endroit du tissu contre envers du plastique, et rabattez comme un biais sur l'endroit, c'est-à-dire en pliant le rectangle à 1 cm, puis en deux, et surpiquez à 1 mm sur le dessus.
Attention, évitez le contact du plastique avec les griffes de la machine. L'entraînement ne se fera pas, sauf avec un pied en Téflon ou du papier de soie. Attention aussi au sens du tissu s'il est à motifs (ils risquent de se retrouver la tête en bas).
4. Coupez 2 rectangles de tissu de 16 cm × 6 cm. Pliez un rectangle dans le sens de la hauteur, endroit contre endroit, et insérez le rectangle de plastique entre les deux épaisseurs.
5. Piquez à 1 cm du bord et retournez.
6. Pliez sur 1 cm le bord du rectangle non cousu et surpiquez à 1 mm.
7. Refaites les opérations 4 à 6 avec le deuxième rectangle de 16 cm × 6 cm, de l'autre côté.
8. Pliez les côtés sous le plastique et surpiquez à 1 mm pour maintenir le rectangle – soufflet vers

l'arrière.
9. Pliez en deux les rectangles, soufflets de chaque côté (vous obtenez un soufflet de 2 cm × 2 cm), et pliez le bas sur 1 cm (voir le croquis du soufflet page 90).
10. Positionnez le rectangle ainsi plié à son emplacement sur le panneau de 55 cm × 27 cm, piquez à 2 mm en bas, puis sur les surpiqûres des côtés pour maintenir les soufflets en place.

C FABRICATION DES POCHETTES DE RANGEMENT

Voir la fabrication des pochettes de rangement de la partie « La météo », page 90. Les pochettes finies mesurent 12 cm × 5 cm ; il faut donc couper des rectangles de 22 cm × 12 cm. Pour la pochette pour les dates, il faut faire une surpiqûre au milieu pour séparer les dizaines et les unités. Attention dans le choix des tissus : utilisez le même tissu pour la pochette de rangement et la pochette visuelle assortie. Choisissez 3 tissus différents pour les parties « Le jour », « La date » et « Le mois ».

D INSCRIPTIONS

Pour inscrire « Le jour », « La date » et « Le mois », plusieurs possibilités s'offrent à vous.
1. Écrivez au crayon à papier fin, puis brodez manuellement, au point avant ou au point de tige. Cette opération peut s'effectuer une fois toutes les pochettes appliquées.
2. Imprimez les mots sur du papier transfert pour tissu et appliquez-les comme indiqué page 130. Attention, cette opération doit s'effectuer avant d'avoir assemblé les pochettes visuelles, car la chaleur du fer risque d'assouplir le plastique, voire de le déformer.

E ASSEMBLAGE FINAL DU PANNEAU

1. Fabriquez la patte d'accrochage « Aujourd'hui » de la même manière que pour la partie « La météo » (voir page 91).
2. Assemblez le dessus du panneau, le dessous et la patte d'accrochage comme pour la partie « La météo » (voir page 92). Glissez le carton par l'ouverture et fermez à la main.

La bande-prénom

Cette bande-prénom a pour objectif de permettre à l'enfant de former son prénom à l'aide de fermetures différentes, d'une seule manière possible. Chaque lettre s'assemble à la suivante par un moyen de fermeture unique permettant le contrôle de l'erreur. Une fois que la bande est assemblée, il est possible de la suspendre à l'aide des passants prévus au dos de chaque lettre, soit avec une baguette en bois, soit avec une ficelle bien tendue, ou bien à un fil avec des pinces à linge si vous n'avez pas mis de passants.

COMPOSITION

Les différents moyens de fermeture se feront selon votre imagination, vos envies et également en fonction du nombre de lettres. En effet, ce projet peut être décourageant pour les prénoms assez longs. Si votre enfant se prénomme Anne-Charlotte ou Jean-Baptiste, vous risquez d'épuiser vos idées, votre stock de fermetures et d'avoir une bande-prénom un peu longue. Plusieurs solutions s'offrent alors à vous.

– Procéder par syllabes, tout en prévoyant le tiret en cas de prénom composé.

– Réduire les rectangles-lettres à une dimension « carte postale » par exemple.

Si les lettres se doublent, il est préférable qu'elles soient identiques dans le choix des tissus, par souci de cohérence.

Le fait que les lettres soient appliquées en relief invite l'enfant à passer son doigt dessus, comme pour les lettres rugueuses.

Ici, les lettres sont des capitales et non des cursives comme il est préconisé dans la pédagogie Montessori. Les enfants que j'accueille ne sont pas tous voués à l'instruction en famille ou à intégrer une école Montessori, mais vont pour la plupart intégrer l'école classique. C'est pourquoi ils ont à disposition des lettres rugueuses capitales et cursives, que je propose en fonction du futur parcours de l'enfant. Pour ce projet, j'ai fait le choix des lettres capitales, mais vous pouvez tout à fait adapter en cursif si vous le souhaitez.

IDÉE

Vous pouvez choisir un autre thème que le prénom, par exemple un mot que l'enfant apprécie ou qui fait partie intégrante de son environnement : papa, maman, bonjour, merci, bienvenue...

"Classic"
L U C A S

À QUEL ÂGE LA PRÉSENTER ?

Cette bande ou guirlande-prénom a tout son sens quand l'enfant a déjà pratiqué les cadres d'habillage et les lettres rugueuses. À partir de 18 mois, l'enfant peut commencer à pratiquer les cadres d'habillage selon son intérêt. Les lettres rugueuses, elles, ne sont proposées qu'à partir de 3 ans en général.

FOURNITURES

Pour des rectangles-lettres de 15 cm × 20 cm et un prénom de 5 lettres

- Tissu du dessous : 25 cm × 100 cm
- Tissu du dessus : 25 cm × 100 cm (ceci est une estimation : vous pouvez varier les coloris, les imprimés)
- Cantonnière : 15 cm × 100 cm
- Boutons, fermetures à glissière séparables, pressions, bandes autoagrippantes, œillets, rubans, boucles…
- Thermocollant pour les lettres en tissu
- Feutrine de couleur assortie
- Thermocollant double face pour le positionnement des lettres
- Biais de 2 cm de large : 22 cm par rectangle-lettre, pour fabriquer les passants à l'arrière

A PATRONS ET COUPE

Préparez des gabarits en carton ou papier afin de gagner du temps et d'être précis : un gabarit de 22 cm × 17 cm pour le tissu et un autre de 19,5 cm × 14,5 cm pour la cantonnière. Positionnez le patron sur le tissu envers, tracez au crayon à papier fin ou à la craie de tailleur, puis coupez.
Pour chaque lettre, pour un rectangle aux mesures finies de 15 cm × 20 cm :
– coupez 1 rectangle de 22 cm × 17 cm dans le tissu du dessus ;
– coupez 1 rectangle de 22 cm × 17 cm dans le tissu du dessous ;
– coupez 1 rectangle de 19,5 cm × 14,5 cm dans la cantonnière ;
– coupez des lettres dans la feutrine ou du tissu (d'après les gabarits).

B FABRICATION

1. Application des lettres en tissu

Il y a deux façons de faire.
1. Thermocollez le rectangle de tissu, découpez la lettre sans ajouter de valeur de couture, puis appliquez-la au point zigzag très serré (2 mm de large et 0,3 mm de long dans l'idéal) ou au point de boutonnière et/ou au point de bourdon. Il est possible de positionner la lettre avec du thermocollant double face sur le tissu du dessus. Cette technique est parfaite pour les lettres découpées en feutrine.

2. Doublez la lettre : coupez la lettre en double, en prévoyant 5 mm de valeur de couture tout autour, et assemblez les deux pièces endroit contre endroit sur tout le tour. Incisez le tissu du dessous au centre en forme de croix et retournez la lettre par cette ouverture après avoir dégarni les angles. Faites ressortir les angles avec une baguette chinoise. Repassez et appliquez la lettre au point droit à 1 mm du bord sur le tissu du dessus. Cette deuxième technique n'est pas possible pour les lettres suivantes : A, B, D, O, P, Q, R.
Dans les deux cas, quand vous appliquez la lettre sur le rectangle de tissu, appliquez-la sur le tissu du dessus et la cantonnière centrée en même temps. Vous pouvez au préalable bâtir la cantonnière sur l'envers du tissu du dessus par quelques grands points à la main que vous ôterez plus tard, ou vous pouvez l'appliquer avec du thermocollant double face.

2. Pose de passants à l'arrière des rectangles (facultatif)

Sur le tissu du dessous, vous pouvez prévoir des bandes de tissu qui serviront de passants pour insérer une cordelette ou une baguette de bois afin de suspendre la bande-prénom.
Coupez 2 bandes de biais de couleur assortie de 11 cm de long environ. Repliez les extrémités sur 0,5 cm et pliez les bandes en deux ; les passants feront 5 cm. Assemblez pour maintenir : vous obtenez des bandes en forme de cercle.
Appliquez les 2 passants sur le rectangle de tissu du dessous, à 2 cm du haut et 4 cm des côtés, en surpiquant à 1 mm, comme sur le schéma ci-contre.

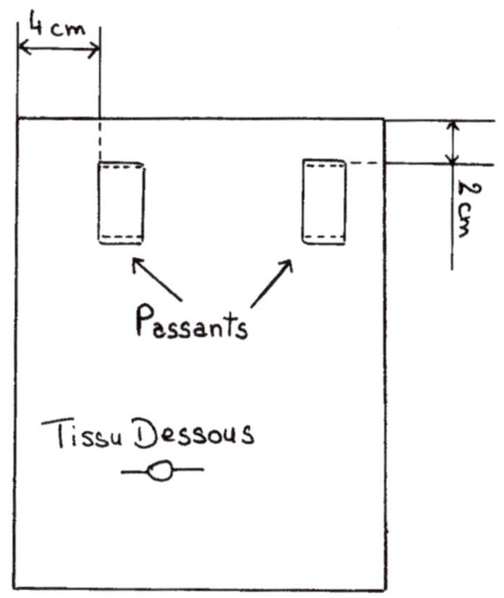

3. Assemblage d'un rectangle-lettre

1. Quand la lettre est appliquée sur le tissu du dessus et les passants sont appliqués sur le tissu du dessous, assemblez les 2 rectangles de tissu endroit contre endroit, à 1 cm du bord, et laissez une ouverture dans le bas de 8 cm environ.
2. Retournez après avoir dégarni les angles. La cantonnière est prévue moins large que le tissu afin de ne pas être trop tendue quand on le retourne. En retournant le tissu, la cantonnière se plie, mais pas de panique, elle revient très bien en place. Un petit coup de fer à repasser et la cantonnière est de nouveau bien aplatie.
3. Fermez l'ouverture à la main, par quelques points invisibles.
Les rectangles-lettres confectionnés, il faut ajouter les moyens de fermeture entre les lettres.

4. Premier type d'assemblage : les boutons

1. Pour une bande boutonnière de 2,5 cm × 6,5 cm, coupez un rectangle de tissu de 6 cm × 9 cm. Pliez-le en deux endroit contre endroit : vous obtenez un rectangle de 3 cm × 9 cm.
2. Assemblez à 1 cm du bord sur 2 côtés, comme ci-contre.

3. Retournez par l'ouverture et repassez.
4. Confectionnez autant de bandes boutonnières que vous souhaitez mettre de boutons.
5. Confectionnez sur chacune d'elles une boutonnière en fonction du diamètre du bouton. Positionnez-la parallèlement à la longueur de la bande.
6. Pliez la bande sur 2 cm du côté non cousu et positionnez-la au bord du rectangle-lettre. Épinglez.
7. Piquez une croix dans un carré pour maintenir la bande boutonnière de façon solide.

8. Cousez les boutons sur le rectangle-lettre suivant.

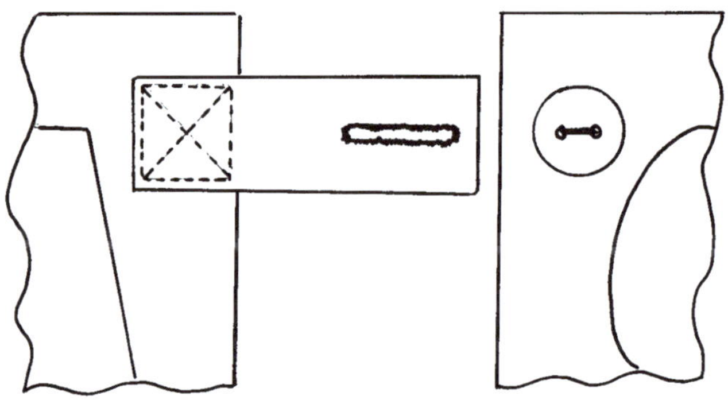

5. Deuxième type d'assemblage : la fermeture à glissière

Il est difficile d'assembler directement une fermeture à glissière sur les rectangles-lettres, à cause de leur épaisseur. Il faut donc ajouter une bande de chaque côté des rectangles concernés, légèrement plus courte qu'eux par souci de raccord, quelquefois difficile, et d'esthétisme.
1. Pour des bandes de 20 cm × 3 cm, coupez 2 rectangles de 21 cm × 8 cm.
2. Thermocollez ces rectangles.
3. Pliez-les endroit contre endroit dans le sens de la hauteur, piquez en haut et en bas, retournez, repassez.
4. Surfilez sur le bord opposé à la pliure les 2 épaisseurs en même temps.
5. Assemblez un côté de la fermeture, après l'avoir séparée, à une des bandes, avec le pied presseur adapté. Pliez le bas de la fermeture sur l'envers afin que le bord ne soit pas à vif.
6. Répétez l'opération avec l'autre côté de la fermeture sur la deuxième bande.
7. Assemblez chaque bande à plat à 1 cm du bord sur le dessous du rectangle-lettre.

Vue de dessus

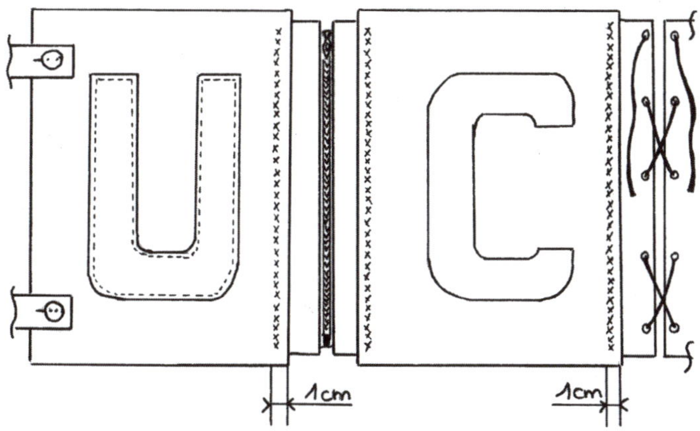

6. Troisième type d'assemblage : les œillets

1. Coupez 2 bandes de tissu de 21 cm × 8 cm, comme pour le montage de la fermeture à glissière. Thermocollez ces 2 bandes.
2. Pliez-les en deux dans le sens de la longueur et assemblez les 2 extrémités à 1 cm du bord.
3. Retournez.
4. Surfilez les bords non assemblés ensemble. Vous obtenez une bande de 4 cm × 19 cm.
5. Positionnez les œillets à égale distance du bord. Sur le modèle, ils sont à 1 cm du bord et les premier et dernier sont à 1,5 cm du haut et du bas. Les intervalles sont de 3,8 cm pour 5 œillets.
6. Assemblez chaque bande à plat au dos du rectangle-lettre, à 1 cm du bord.

Vue en coupe

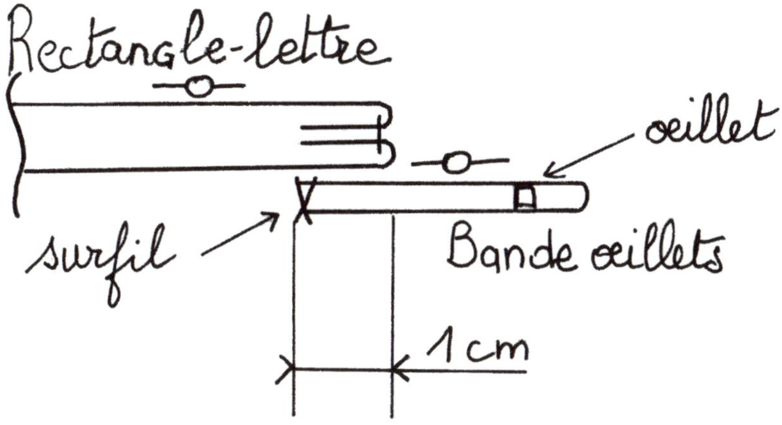

7. Quatrième type d'assemblage : les pressions

Pour une bande pressions de 2,5 cm × 6,5 cm environ

1. Coupez 1 bande de tissu de 18 cm × 9 cm. Thermocollez-la.
2. Coupez-la en trois de façon à avoir 3 rectangles de 6 cm × 9 cm. Pliez comme pour les bandes boutonnières, en deux dans le sens de la largeur. Piquez à 5 mm du bord.

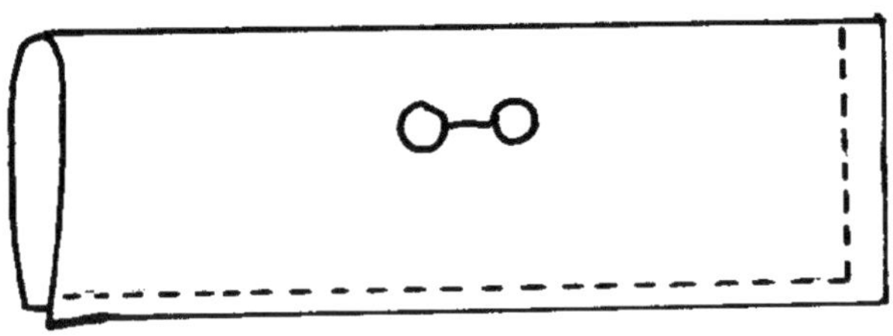

3. Dégarnissez l'angle et retournez.
4. Repassez.
5. Pliez l'extrémité non cousue sur 2 cm.
6. Positionnez les 3 bandes ainsi pliées sur le rectangle-lettre, en les répartissant à intervalles réguliers, au plus près du bord. Épinglez.
7. Piquez un carré pour maintenir en place ainsi qu'une croix centrale pour plus de solidité. (Voir le schéma, page 104.)
8. Posez le dessus de la pression (côté mâle) sur la bande et le dessous (côté femelle) sur le rectangle-lettre en face.

Le tapis d'anniversaire

Dans la pédagogie Montessori, la célébration de l'anniversaire est une véritable cérémonie avec une vision cosmique propre à Maria Montessori. L'enfant prend sa place dans notre monde grâce aux éléments qui l'entourent et dont il fait partie, c'est-à-dire la Terre, le soleil, le temps, l'espace…

COMPOSITION

Le tapis est composé d'un disque en tissu de 1 m de diamètre divisé en 4 parties que l'on pose à même le sol ou sur un tissu carré d'1,20 m de côté par exemple (ou une couverture, un drap…).
Le disque symbolise à la fois la Terre et une année (un cycle de la Terre tournant autour du soleil). Au centre de ce disque, une bougie (jaune de préférence et plus grosse que les bougies d'anniversaire) symbolise le soleil.
Les 4 quarts de cercle représentent les 4 saisons, chacune avec une couleur propre : ici le blanc pour l'hiver, le vert pour le printemps, le jaune pour l'été et l'orange pour l'automne. On peut faire apparaître les mois avec des étiquettes (celles du calendrier perpétuel par exemple) pour symboliser le temps qui passe. Il est également possible de broder les mois à la main ou à la machine, ou encore de les appliquer au papier transfert pour tissu (voir les techniques du calendrier perpétuel, page 98).
Matériel complémentaire : un globe terrestre, autant de bougies que d'années d'âge de l'enfant et des photos ou objets importants (3 ou 4 au maximum) se rapportant à chacune de ces années.

DÉROULEMENT DE LA CÉRÉMONIE D'ANNIVERSAIRE

Il peut varier selon les pays, mais en général les temps forts sont les mêmes.
L'enfant se positionne face à son mois de naissance : « Tu es né le 29 juillet 2012 à 11 h 45, le soleil était présent et tes parents étaient heureux de te rencontrer. » On lui confie le globe terrestre en lui disant qu'il s'agit de notre Terre et on lui demande de faire un tour de tapis, lentement. Une année se sera écoulée et la Terre aura tourné une fois autour du soleil. À la fin du premier tour, l'assistance frappe une fois dans ses mains et on allume une bougie. On présente à l'enfant des photos ou des anecdotes de sa première année.
Puis l'enfant effectue un deuxième tour autour du soleil et on allume une deuxième bougie, on présente des moments forts de sa deuxième année… et ainsi de suite, jusqu'à la date anniversaire de l'enfant : « Aujourd'hui tu as 4 ans, notre Terre a fait 4 révolutions autour du soleil, c'est le jour de ton anniversaire. »
Il est possible de chanter *Joyeux anniversaire* à l'enfant et on l'invite surtout à souffler ses bougies. On veille à laisser le soleil allumé puisque c'est un astre qui brille toujours. Les photos et objets pourront être recueillis dans une boîte à disposition de l'enfant.

À QUEL ÂGE LE PRÉSENTER ?

Avant 3 ans, la cérémonie peut être célébrée mais l'enfant n'étant pas forcément acteur ou n'ayant pas de représentation temporelle, cela a moins d'intérêt. Dans ce cas, simplifiez le plus possible et mettez-vous à la portée de l'enfant.

A FABRICATION DU DISQUE DE LA TERRE

FOURNITURES

- Toile de coton assez épaisse : 4 carrés de 55 cm × 55 cm de couleurs différentes (tissus vert, jaune, blanc et orange par exemple)
- Molleton bio de 1 cm d'épaisseur : 1 m × 1 m
- Toile de coton épaisse pour le dessous : 1 m × 1 m
- Feutrine marron souple ou semi-rigide de 1 ou 2 mm d'épaisseur : 30 cm × 30 cm
- Chutes de feutrine de couleur pour les arbres

1. Fabrication du dessus

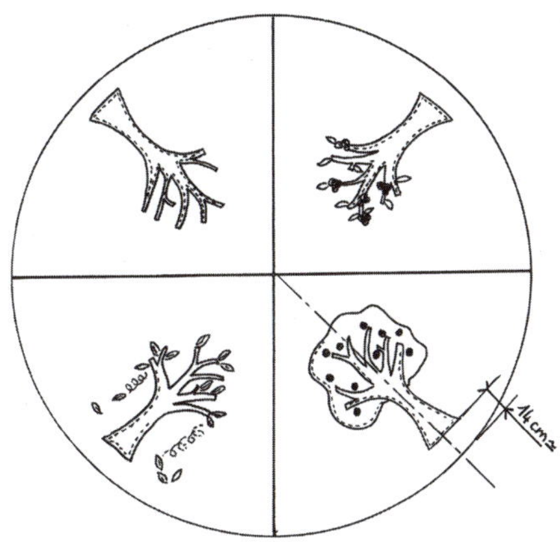

1. Avec un crayon et une ficelle, créez un patron en forme de quart de cercle de 50 cm de rayon.
2. D'après le patron, découpez dans la toile de coton 4 quarts de cercle de couleurs différentes pour représenter les saisons.
3. Découpez 4 arbres en feutrine marron à l'aide du gabarit.
4. Appliquez chaque arbre sur un quart de cercle avant d'assembler le disque, car c'est beaucoup moins encombrant sous la machine. Pour cela, pliez le quart de cercle en deux, marquez légèrement la pliure et positionnez la base de l'arbre vers l'arc de cercle, à environ 14 cm du bord. Épinglez-le, ou utilisez du thermocollant double face ou de la colle à tissu en bombe.
5. Piquez comme indiqué sur le gabarit. Je préconise la piqûre machine pour plus de solidité.
6. Assemblez les différents éléments sur les arbres en fonction des saisons (voir la fabrication des cartes « arbre » du calendrier perpétuel, page 95).
7. Assemblez les quarts de cercle dans l'ordre des saisons, deux par deux puis en assemblant les 2 demi-cercles obtenus. Faites attention à bien faire se rejoindre les intersections au centre.
8. Repassez en ouvrant les coutures.

2. Fabrication du dessous

1. D'après le patron de la feuille de gabarits, découpez 2 demi-cercles à la pliure (sans la valeur de couture) dans la toile de coton épaisse.

2. Surfilez les bords, surtout les courbes qui se déforment et s'effilochent facilement puisqu'elles se trouvent dans le biais.
3. Assemblez les 2 demi-cercles en ménageant une ouverture d'au moins 30 cm.
4. Repassez en ouvrant les coutures.

3. Assemblage final

1. Assemblez endroit contre endroit le dessus et le dessous, après les avoir épinglés.
2. Retournez et repassez en faisant bien rouler les coutures afin d'obtenir un cercle harmonieux.
3. Découpez un cercle du diamètre du tapis fini dans le molleton. Pour cela, posez le tapis sur le molleton et découpez au ras.
4. Glissez-le à l'intérieur du tapis par l'ouverture du dessous. Répartissez-le bien dans les courbes en veillant à ce qu'il n'y ait pas de vagues.
5. Épinglez toutes les épaisseurs à divers endroits sur les coutures du dessus.
6. Refermez l'ouverture du dessous à la main.
7. Surpiquez à très grands points les coutures des quarts de cercle, en partant chaque fois du centre. Si vous possédez un pied presseur à double entraînement, il sera utile dans cette opération. Sinon, vous pouvez effectuer de grand points à la main avec du coton mouliné par exemple afin de ne pas créer de vagues à cause des épaisseurs et des arrondis.

B FABRICATION DU SOLEIL CENTRAL AMOVIBLE

1. Découpez 2 disques de 15 cm de diamètre dans le tissu de votre choix pour représenter le soleil.
2. Assemblez endroit contre endroit sur tout le pourtour, à 0,5 cm du bord.
3. Coupez à l'aide de petits ciseaux une croix de 3 cm au centre du disque qui formera le dessous.
4. Retournez par l'ouverture formée par la croix.
5. Roulez les coutures afin d'obtenir un cercle harmonieux et repassez.
6. Découpez un disque de 14 cm de diamètre dans de la feutrine de 2 mm d'épaisseur.
7. Positionnez le disque en tissu sur le disque de feutrine, croix en dessous, et surpiquez à 1 mm du bord ; vous obtenez un soleil amovible, qui sera le support de la bougie.

VARIANTES

Afin de pouvoir utiliser le tapis d'anniversaire à d'autres occasions, il faut le faire le plus sobre possible. Il serait dommage de ne le sortir qu'une seule fois par an, surtout en utilisation familiale. Il peut être un support pour parler des saisons évidemment, mais aussi du temps qui passe (en lien avec le calendrier perpétuel et la poutre du temps), des animaux (hibernation, naissance, cycle de vie…), de l'espace, de la Terre, des astres… sachant que Maria Montessori attachait une grande importance à la dimension cosmique. La règle pour l'utilisation de ce tapis doit cependant être claire : ce n'est pas un tapis de jeu comme peut l'être un tapis d'éveil. Il faut que l'adulte et l'enfant en prennent soin afin qu'il soit réutilisable les années suivantes, pour tous les enfants lorsqu'il s'agit d'un usage collectif.

« La grandeur de
la personne humaine
commence à la
naissance de l'homme »

L'enfilage de coussins

Une activité de laçage sur le même principe que les perles à lacer, mais avec du tissu, pour une sensation différente de celle du bois, matière traditionnelle des perles à lacer. Chaque coussin, de forme ronde ou carrée, est garni de laine cardée pour un toucher agréable et possède un œillet central pour le passage du lacet. Vous pouvez jouer sur les associations de couleurs, privilégier une couleur pour une forme afin de créer des algorithmes... Quant à la fabrication des coussins ronds, vous pouvez au choix former l'épaisseur avec une bande rectangulaire froncée ou couper un biais (préplié ou que vous créerez vous-même).

FOURNITURES

Pour 4 coussins carrés et 4 coussins ronds

- Tissus de coton uni et imprimé (à alterner) : 60 cm × 10 cm (il peut s'agir de chutes de tissu, étant donné la petite taille des coussins)
- Biais de 3 cm de large (déplié) : 200 cm
- 8 œillets de 4 ou 5 mm de diamètre
- 1 lacet assorti
- Laine cardée

A COUPE

1. Coupez 8 carrés dans le tissu de votre choix selon le gabarit. Marquez les crans **A**.
2. Coupez 8 disques dans le tissu de votre choix selon le gabarit.
3. Si vous optez pour des bandes rectangulaires (nommées **R**) coupées dans le droit-fil :
– coupez 4 rectangles de tissu de coton de 20 cm × 3 cm pour les coussins ronds ;
– coupez 4 rectangles de tissu de coton de 25 cm × 3 cm pour les coussins carrés.
Ces rectangles seront froncés sur la longueur pour la fabrication des coussins ronds uniquement.
4. Si vous optez pour des bandes rectangulaires (nommées **R**) coupées dans le biais :
– coupez 4 morceaux de biais de 20 cm pour les coussins ronds ;
– coupez 4 morceaux de biais de 25 cm pour les coussins carrés.

B FABRICATION DES COUSSINS RONDS

1. Si vous avez opté pour des bandes rectangulaires coupées dans le droit-fil, il faut froncer les longueurs afin de pouvoir les assembler plus facilement avec les disques. Pour cela, réglez votre machine sur une faible tension et une longueur de point assez grande. Laissez les fils d'aiguille et de canette assez longs au départ et piquez à 3 mm du bord. À la fin de la couture, laissez

suffisamment de fil. Tirez délicatement sur les fils pour froncer légèrement la bande ; les plis ainsi formés faciliteront l'assemblage avec le disque et donneront du volume au coussin une fois qu'il sera cousu.

2. Positionnez une bande **R** sur un disque, endroit contre endroit, en laissant au moins 5 mm avant le départ de couture (cela permettra de fermer la bande).
3. Piquez à 5 mm du bord, en commençant par un point d'arrêt.
4. En revenant au point de départ, repliez les 5 mm du départ envers contre envers afin de ne pas les piquer. Finissez par un point d'arrêt. Coupez la bande **R** en laissant 5 mm de couture après le point d'arrêt.
5. Assemblez endroit contre endroit la largeur de la bande **R** en effectuant un point d'arrêt au début et à la fin.
6. Assemblez un deuxième disque sur la deuxième longueur de la bande **R**, endroit contre endroit.
7. Piquez à 5 mm du bord et laissez une ouverture de 3 cm. Faites un point d'arrêt.
8. Retournez et faites rouler les coutures.
9. Garnissez de laine cardée.
10. Fermez l'ouverture à la main.
11. Positionnez l'œillet central après l'avoir marqué au stylo.

C FABRICATION DES COUSSINS CARRÉS

1. Positionnez une bande **R** au milieu d'un côté d'un carré, sur le cran **A**, endroit contre endroit, en laissant 5 mm de tissu avant le départ de couture (cela permettra de fermer la bande).
2. Piquez à 5 mm du bord, en commençant par un point d'arrêt.

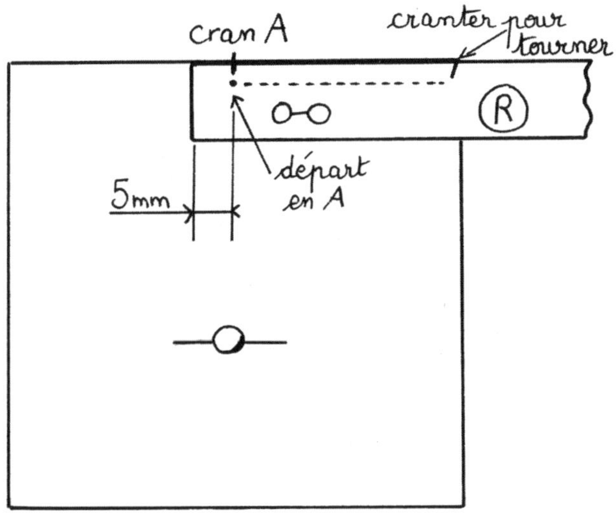

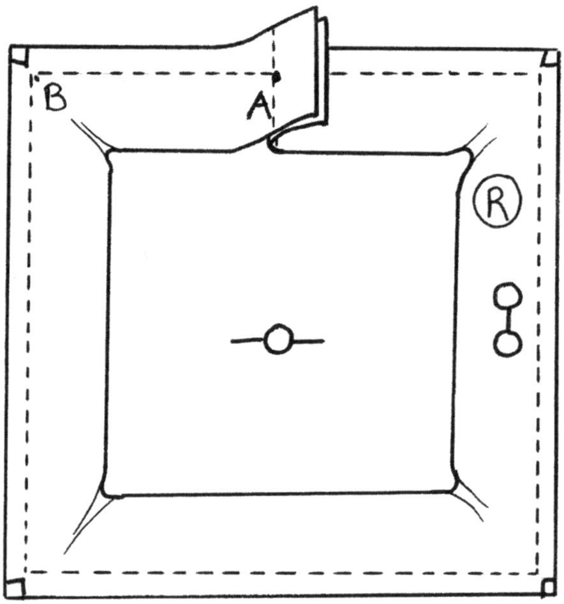

3. Quand vous arrivez à un angle, levez le pied presseur, laissez l'aiguille abaissée et crantez légèrement la bande **R**. Attention, pas jusqu'à la couture, laissez au moins 2 mm !
4. Tournez le tissu, abaissez le pied presseur et continuez de piquer.
5. Quand vous arrivez sur le dernier côté, là où vous avez commencé la couture, repliez les 5 mm laissés au départ afin de ne pas les piquer.
6. Piquez jusqu'au départ de couture **A** et finissez par un point d'arrêt.
7. Assemblez endroit contre endroit les largeurs de la bande **R** et piquez à 5 mm.
8. Positionnez un deuxième carré endroit contre endroit sur la deuxième longueur de la bande **R**, en faisant coïncider les crans **A**.
9. Piquez à 5 mm du bord de la même façon que précédemment.
10. Quand vous arrivez en **B**, comme indiqué sur le schéma, faites un point d'arrêt et laissez une ouverture de 3 cm environ, de **B** à **A**.
11. Retournez par l'ouverture et repassez en faisant ressortir au maximum les angles.
12. Garnissez de laine cardée, modérément. Essayez de la répartir essentiellement dans les angles et sur les bords et ne pas trop en mettre dans le centre afin de ne pas gêner la mise en place de l'œillet central.
13. Fermez l'ouverture à la main.
14. Positionnez l'œillet central après l'avoir marqué au stylo à tissu.

Les cartes à lacer

Les cartes à lacer sont des supports permettant à l'enfant de développer la motricité fine et la coordination œil-main. L'activité de laçage ainsi abordée est attractive pour l'enfant. En cherchant, ou pas, à détourer la forme, il va répéter le passage du lacet dans les œillets et perfectionner la pince pouce-index-majeur, préparant ainsi la tenue d'un stylo et beaucoup d'autres activités de vie pratique et sensorielle (visser et dévisser des boulons, enfiler des perles, les « verser », manipuler des blocs cylindres, les formes à dessin...).

FOURNITURES

- Feutrine rigide de 2 ou 3 mm d'épaisseur : 2 carrés de 15 cm × 15 cm
- Cantonnière : 1 carré de 15 cm × 15 cm
- Feutrine de 1 mm d'épaisseur de différentes couleurs pour les appliqués
- Chutes de tissu et de cantonnière
- Œillets de 4 ou 5 mm de diamètre : 6 à 16 selon les modèles
- Lacet de couleur assortie à la forme

A COUPE

Coupez les différentes parties de la forme à appliquer suivant le patron de la feuille de gabarits.

B FABRICATION

1. Appliquez au point droit ou au point zigzag serré les parties les plus grandes sur un carré de feutrine (le dessus).
2. Appliquez les petites parties par-dessus.
3. Tracez au feutre à tissu les parties non découpées telles que les pattes et les antennes pour les insectes, les nervures pour les feuilles, la spirale de la coquille pour l'escargot...
4. Piquez au point zigzag ou fantaisie sur ces tracés.
5. Positionnez la cantonnière et le carré de feutrine formant le dessous comme sur le schéma.

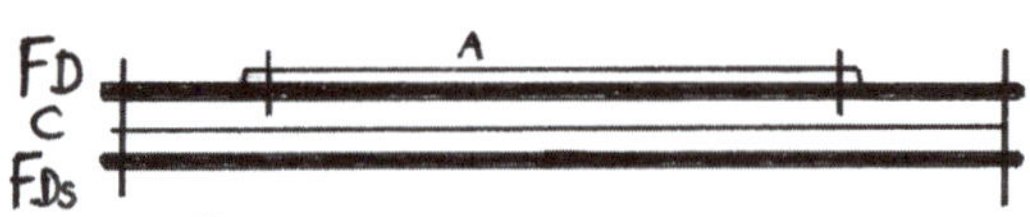

Vue en coupe

FD : Feutrine dessus
A : Forme appliquée
C : Cantonnière
FDs : Feutrine dessous

6. Piquez sur tout le pourtour, à 1 ou 2 mm du bord, afin de maintenir les 3 épaisseurs ensemble.
7. Marquez l'emplacement des œillets au feutre.
8. Perforez.
9. Positionnez les œillets avec une pince ou un marteau.

Un exemple en détail : la coccinelle

1. Coupez les 2 ailes dans de la feutrine rouge.
2. Coupez la tête dans de la feutrine noire, en ôtant la partie « yeux ».
3. Coupez la tête complète dans de la cantonnière ou de la feutrine blanche.
4. Coupez un triangle arrondi à la base dans de la feutrine noire pour combler l'écartement des ailes.
5. Sur le carré de feutrine du dessus, positionnez le triangle noir puis les ailes et appliquez au point droit comme sur le schéma ci-dessous.
6. Positionnez la tête complète blanche et la tête noire par-dessus, puis appliquez en piquant à 1 mm sur tout le pourtour.
7. Tracez les pattes et piquez-les au point zigzag très serré.

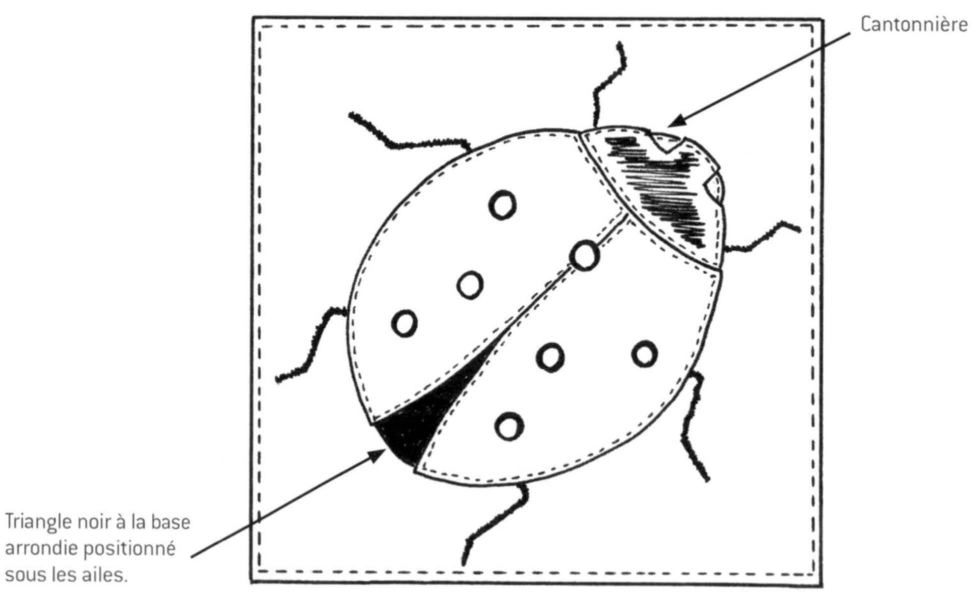

Le tapis sensori-moteur

COMPOSITION

Ce tapis est constitué d'une housse à ouvertures dans lesquelles on peut glisser des coussins sensoriels garnis de différentes matières. Ils sont amovibles pour plusieurs raisons :
– afin de pouvoir changer la garniture quand elle est abîmée ou quand on souhaite simplement la modifier ;
– pour pouvoir changer leur emplacement sur le parcours du tapis ;
– pour pouvoir laver la housse et les coussins.
La housse est composée d'un tissu du dessus où s'alternent des rectangles unis et imprimés pour signifier qu'il y a des textures différentes, d'une bande de côté pour l'épaisseur du tapis, avec un côté à ouvertures, et d'un tissu du dessous que l'on choisira dans une matière qui ne glisse pas telle que l'éponge, la feutrine, le polaire...

Croquis d'ensemble : vue de côté

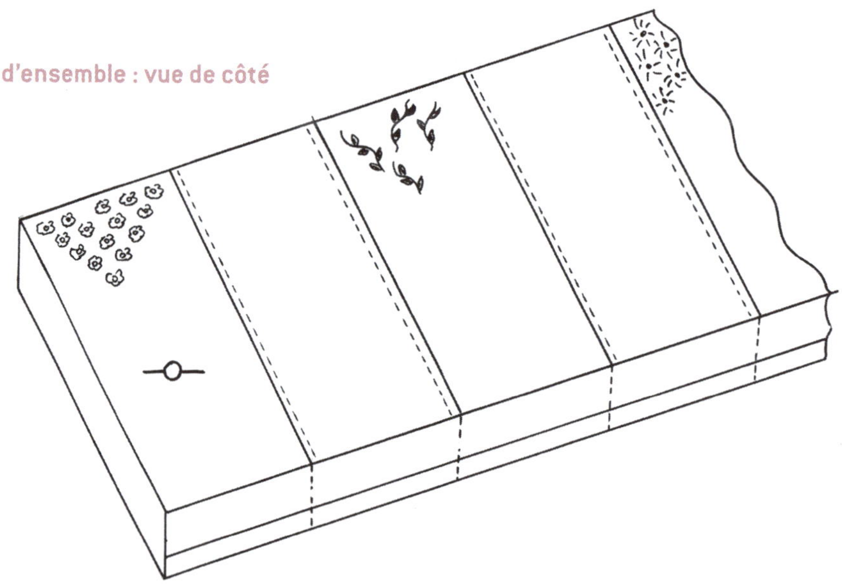

OBJECTIFS

Le tapis sensori-moteur offre la possibilité à l'enfant de découvrir des sensations par le toucher et de développer ainsi sa sensibilité kinesthésique. En déambulant nu pieds sur le parcours, l'enfant va prendre conscience de l'importance du ressenti par le toucher. L'enfant évolue seul ; s'ils sont plusieurs, ils l'utilisent chacun son tour. La règle est de ne pas courir ou sauter sur le tapis.

À QUEL ÂGE LE PRÉSENTER ?

À partir de la marche assurée, en général vers 15 à 18 mois selon les enfants. L'enfant non-marcheur ou présentant un déficit moteur peut aussi évoluer sur ce tapis, à quatre pattes. L'idéal est qu'il soit toujours nu pieds voire que ses jambes soient dénudées afin que la peau soit le plus possible au contact du tapis.

VARIANTES

Quand l'enfant pose des questions sur les matières contenues dans les coussins, il est intéressant de lui apporter les cartes de langage correspondant aux garnitures. Il pourra les associer aux coussins correspondants. Il est conseillé de montrer le contenu des coussins à l'enfant afin qu'il puisse même le toucher avec ses mains, sentir les garnitures. Il ne pourra cependant vider les coussins de leur contenu sans l'autorisation d'un adulte.
Pour l'enfant lecteur, il est possible de proposer la carte de langage (image) et le billet de lecture (mot associé), puis seulement le billet de lecture pour passer du concret à l'abstrait.
Autre variante : faites déambuler l'enfant les yeux bandés sur le tapis, en lui tenant la main. Invitez-le à formuler les sensations qu'il vit. Cet exercice s'adresse aux enfants ayant déjà pratiqué le tapis et n'ayant aucune appréhension lorsqu'ils ne voient pas.

FOURNITURES

- Tissu uni de 150 cm de large : 80 cm
- Tissu imprimé de 110 cm ou 150 cm de large : 55 cm
- Toile de coton épaisse de 150 cm ou 280 cm de large pour la doublure : 80 cm
- Toile de coton épaisse de 150 cm de large pour les coussins : 100 cm
- Tissu éponge ou de matière qui ne glisse pas de 150 cm de large : 110 cm
- 6 fermetures à glissière non séparables de 20 cm
- Rembourrage des coussins : lavande, sacs plastique, papier bulle, ouate ou laine cardée naturelle, bouillotte remplie d'eau, riz, sable, haricots, boutons, feuilles (végétaux)...

1. Fabrication de la housse

A COUPE

1. Pour le dessus de la housse, coupez 3 rectangles de 26 cm × 52 cm dans le tissu uni et 3 rectangles de 26 cm × 52 cm dans le tissu imprimé (le sens du tissu n'a pas d'importance tant qu'il s'agit de coton ayant une bonne tenue et qui ne contient pas d'élasthanne). Coupez un rectangle de 52 cm × 146 cm dans la toile de coton pour la doublure.
2. Pour la bande de côté à ouvertures, coupez 2 bandes de 8 cm × 146 cm dans le tissu uni : nous les nommerons **A**. Coupez 2 bandes de toile de coton de 8 cm × 146 cm pour la doublure : nous les nommerons **A'**.
3. Pour la bande de côté fermée, coupez une bande de 10 cm × 146 cm : nous la nommerons **B**. Coupez une bande de 10 cm × 146 cm de toile de coton pour la doublure : nous la nommerons **B'**.
4. Pour les extrémités de la bande de côté, coupez 2 bandes de 10 cm × 52 cm : nous les nommerons **C**. Coupez 2 bandes de 10 cm × 52 cm de toile de coton pour la doublure : nous les nommerons **C'**.
5. Pour le dessous de la housse, coupez un rectangle de 52 cm × 146 cm dans du tissu éponge par exemple.
6. Notez sur l'envers des morceaux découpés, à la craie de tailleur, le nom des pièces pour vous repérer facilement.
7. Surfilez tous les morceaux ou effectuez un point zigzag.

B ASSEMBLAGE DU DESSUS DE LA HOUSSE

1. Assemblez un rectangle uni et un rectangle imprimé endroit contre endroit sur un côté de 52 cm, à 1 cm du bord.
2. Assemblez ainsi les 6 rectangles endroit contre endroit, en alternant les tissus uni et imprimé.
3. Repassez, coutures couchées vers le tissu uni.
4. Positionnez la doublure envers contre envers des rectangles ainsi assemblés et épinglez au niveau des coutures.
5. Surpiquez les 5 coutures des rectangles en prenant les deux épaisseurs, au point droit ou au point fantaisie, afin de maintenir les coutures couchées. Cette opération permet aussi de fixer le dessus et la doublure.

C ASSEMBLAGE DE LA BANDE DE CÔTÉ À OUVERTURES

1. Assemblez endroit contre endroit une bande **A** et une bande **A'**, et piquez à 1 cm du bord le long d'un côté de 146 cm. Retournez et positionnez les bandes envers contre envers. Repassez au niveau de la couture. Surpiquez à 1 ou 2 mm du bord.
2. Répétez l'opération avec les autres bandes **A** et **A'**.

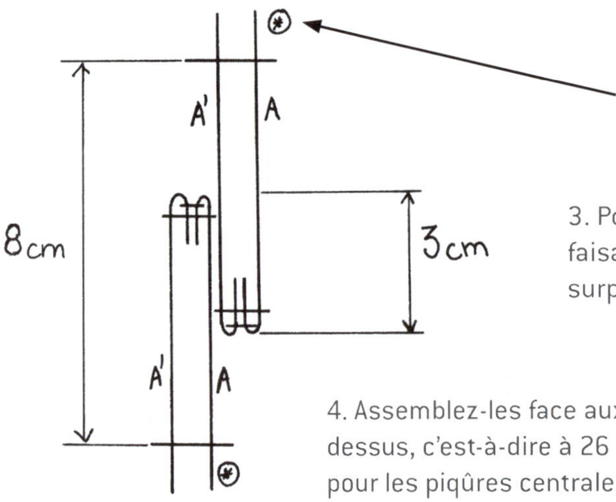

3. Positionnez les 2 bandes obtenues en les faisant se chevaucher de 3 cm au niveau des surpiqûres et épinglez.

4. Assemblez-les face aux coutures des rectangles du tissu du dessus, c'est-à-dire à 26 cm des extrémités et à 25 cm d'écart pour les piqûres centrales. Cette opération formera les ouvertures pour glisser les coussins.

Vue de face de la bande à ouvertures

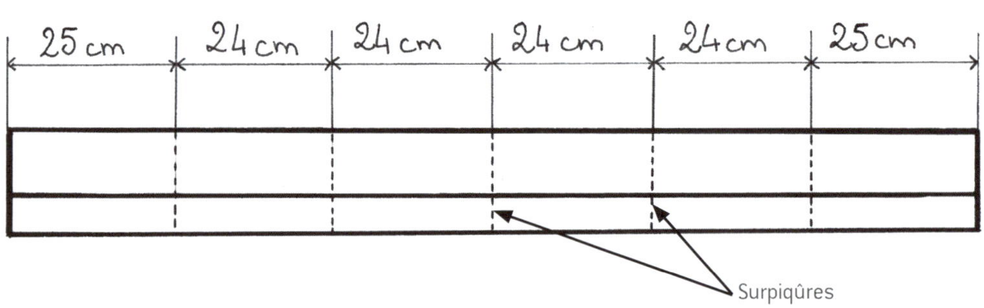

D ASSEMBLAGE DES CÔTÉS

1. Positionnez la bande **B** et la bande **B'** envers contre envers et épinglez. Assemblez à 5 mm du bord sur tout le pourtour.
2. Répétez l'opération avec les 2 bandes **C** et **C'**.

3. Assemblez les bandes de côté de façon à former le tour du tapis : assemblez une bande **CC'** et la bande **BB'** endroit contre endroit, à 1 cm du bord, puis la deuxième bande **CC'** et la bande de côté à ouvertures **AA'**. Assemblez les 2 grandes bandes obtenues, toujours à 1 cm, endroit contre endroit. Nous appellerons la bande obtenue la « **bande anneau** ».

E ASSEMBLAGE FINAL DE LA HOUSSE

1. Épinglez la **bande anneau** avec le rectangle en tissu éponge prévu pour le dessous du tapis, endroit contre endroit. Piquez à 1 cm du bord et repassez.
2. Épinglez endroit contre endroit le haut de la **bande anneau** avec le dessus de la housse, en faisant coïncider les surpiqûres de la bande à ouvertures et les jonctions des rectangles du dessus. Assemblez à 1 cm du bord, en laissant une ouverture de 15 à 20 cm sur un des petits côtés.
3. Retournez par l'ouverture et repassez en faisant ressortir les angles au maximum.
4. Fermez l'ouverture par des points à la main.

2. Fabrication des coussins amovibles

La dimension finie des coussins est de 46 cm × 23 cm.
Le maillage de la toile des coussins doit être serré afin que la garniture ne puisse pas sortir. Elle doit être à l'épreuve des pieds des enfants. Je préconise d'utiliser la même toile que pour la doublure, une toile de coton épaisse.

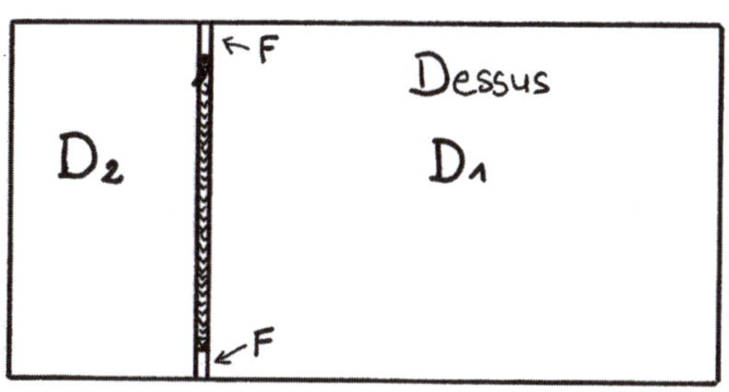

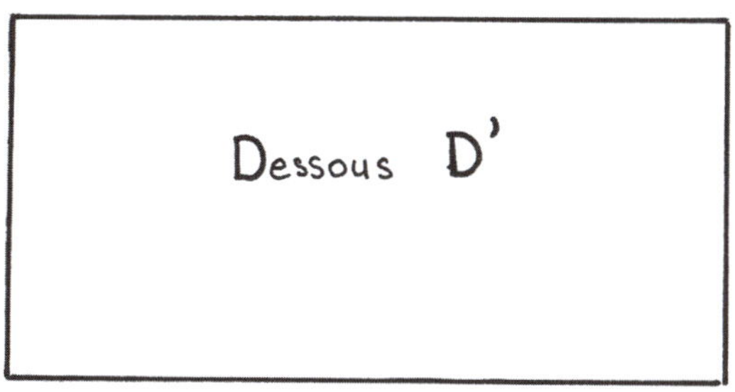

A COUPE

1. Pour le dessous **D'**, coupez un morceau de toile de coton de 48 cm × 25 cm.
2. Pour le dessus, coupez un morceau de toile de coton de 35 cm × 25 cm, qu'on appellera **D1**, et un autre de 14 cm × 25 cm, qu'on appellera **D2**.
3. Pour la finition de la fermeture à glissière, coupez 2 morceaux de 6 cm × 2,5 cm, qu'on appellera **F**.

B ASSEMBLAGE D'UN COUSSIN

1. Pliez en deux, envers contre envers, les morceaux **F** afin d'obtenir 2 rectangles de 3 cm × 2,5 cm.

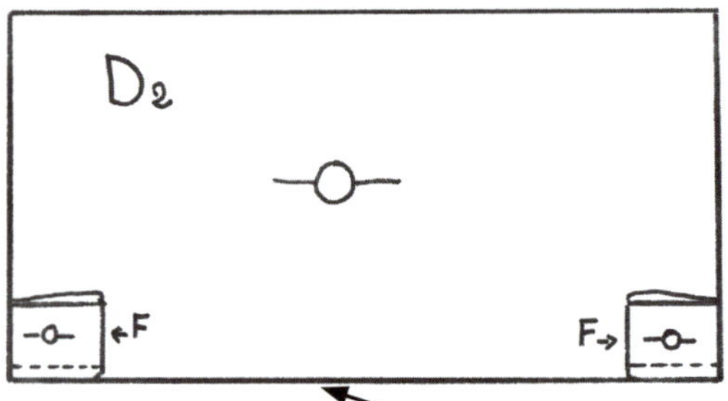

Assemblage de la fermeture à glissière ici

2. Positionnez-les sur le morceau **D2**, à chaque extrémité d'un côté de 25 cm.
3. Assemblez-les à 0,7 cm du bord, endroit contre endroit.

4. Épinglez la fermeture à glissière centrée sur le morceau **D2**, entre les morceaux **F**. Piquez endroit contre endroit, avec le pied presseur spécial pour les fermetures à une branche, à 1 cm du bord.
5. Positionnez le morceau **D1** endroit contre endroit sur le deuxième côté de la fermeture à glissière et le deuxième côté des morceaux **F**.
6. Repassez.
7. Surpiquez à 2 mm des bords de la fermeture.
8. Laissez la fermeture ouverte.
9. Positionnez endroit contre endroit le morceau **D'** et le dessus **D1D2**.
10. Piquez à 1 cm du bord sur tout le pourtour.
11. Surfilez tout le pourtour ou effectuez un point zigzag.
12. Retournez par l'ouverture de la fermeture à glissière, en faisant bien ressortir les angles.
13. Repassez.

Et après...

Si le tapis sensori-moteur n'a plus de succès, même après avoir changé les garnitures des coussins et varié les activités, vous pouvez reconvertir les coussins en coussins déco ou utilitaires en confectionnant de jolies housses et en les garnissant de laine cardée naturelle ou d'ouate de rembourrage.

La housse de tapis peut aussi servir de matelas nomade. Il suffit de dépiquer les surpiqûres du côté à ouvertures pour offrir la possibilité d'y glisser un matelas de 50 cm × 140 cm, que vous pourrez confectionner sur le même principe que le tapis molletonné de la page 40.

Les pochettes pour les cartes de langage

À QUOI SERVENT LES CARTES DE LANGAGE ?

Elles sont utilisées pendant la période sensible de l'assimilation des images et la période sensible du langage. L'assimilation s'estompe lorsque le langage est acquis, vers 3 ans. Cette période est le moment où l'enfant se fait une représentation mentale des objets qui l'entourent et un véritable imagier se met en place. Lorsque c'est possible, il est important de montrer à l'enfant le véritable objet ou animal afin qu'il puisse se le représenter d'abord en 3D pour pouvoir assimiler la 2D. Dans la pédagogie Montessori, on passe toujours du concret à l'abstrait. L'appellation devient précise, c'est pourquoi il est important d'utiliser toujours le même terme pour la même image. Il faut être précis et constant dans les mots employés, pour une meilleure assimilation d'une part et pour permettre à l'enfant d'enrichir son vocabulaire de façon claire d'autre part. On n'utilise pas d'onomatopées pour désigner un objet ou un animal, mais le terme exact et sans article au départ. Il faut dire « poule » et pas « une poule ».

POURQUOI DES POCHETTES EN TISSU PLUTÔT QU'EN CARTON ?

J'ai commencé la présentation des cartes classifiées dans des pochettes en carton. Elles étaient simples à réaliser et je pensais que ce serait idéal pour que les enfants les manipulent régulièrement. Or mes pochettes ont mal résisté, malgré le soin apporté à la fabrication. Comme je n'ai pas été convaincue par l'aspect et l'obsolescence du carton, j'ai décidé d'en fabriquer en tissu et le résultat m'a séduite pour plusieurs raisons.

– Les enfants sont attirés par les tissus et les motifs, ils vont plus spontanément vers ces pochettes : l'esthétisme est très important.

– Les pochettes se manipulent facilement et sont plutôt résistantes.

– Elles sont lavables.

FOURNITURES

Pour des cartes de langage de 9 cm × 9 cm (environ 9,5 cm × 9,5 cm si elles sont plastifiées)

- Tissu : 65 cm × 15 cm environ (vous pouvez utiliser des tissus différents pour le dessus et le dessous des pochettes)
- Thermocollant : 55 cm × 15 cm
- Feutrine ou chutes de tissu pour les motifs appliqués

Astuce

Pour rigidifier un peu plus vos pochettes, en plus du thermocollant si le tissu est très fin ou à la place du thermocollant, vous pouvez y glisser 2 carrés de cantonnière de 11,5 cm × 10 cm par exemple.

A COUPE

1. Coupez 2 rectangles de tissu de 24 cm × 14 cm, qui formeront la pochette : nous appellerons **A1** l'extérieur de la pochette avec appliqué et **A2** l'intérieur de la pochette.
2. Coupez 1 rectangle de tissu **B** de 24 cm × 14 cm pour former la partie où seront rangées les cartes à l'intérieur. N'hésitez pas à le thermocoller si le tissu est trop fin.
3. Thermocollez les rectangles **A1** et **A2**, et la moitié du rectangle **B** (sur 24 cm × 7 cm).
4. Tracez sur la feutrine le motif correspondant au thème des cartes, à l'aide d'un gabarit en carton et papier épais. Découpez. Si vous découpez le motif dans du tissu, thermocollez-le préalablement. Ainsi, il se déformera moins.

B FABRICATION

1. Appliquez le motif sur le rectangle **A1**, à droite et centré, en tenant compte des valeurs de couture et de la pliure centrale. Appliquez au point zigzag si le motif est en tissu, au point droit ou zigzag s'il est en feutrine.

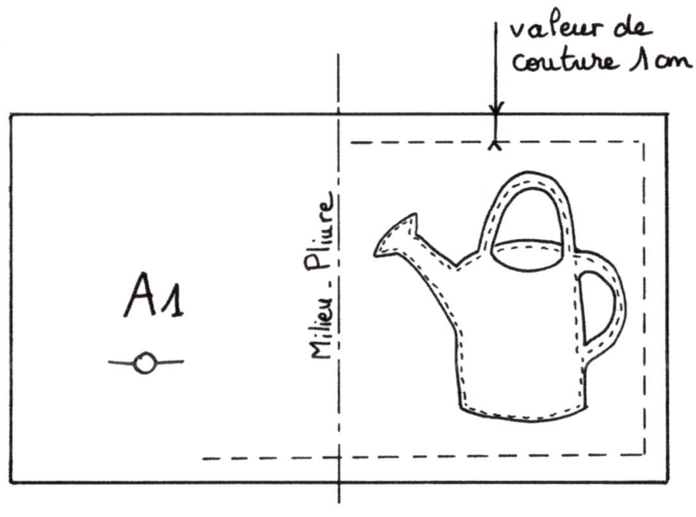

Astuce

Une autre solution est possible pour représenter le motif du thème des cartes de langage : c'est le papier transfert ! Il est facile d'utilisation et de prix abordable (10 euros environ les 10 feuilles de format A4). Imprimez le motif désiré, en symétrie, puis appliquez au fer à repasser le papier transfert sur le tissu, selon les recommandations. En général, il faut un support stable, lisse et rigide (une planche par exemple). Appliquez le papier imprimé pendant environ 20 secondes, sans vapeur. Laissez refroidir 2 minutes. Ôtez délicatement le papier support, puis repassez le motif avec du papier sulfurisé. Laissez refroidir. Cette technique permet de représenter un élément difficile à faire en feutrine ou en tissu, et c'est rapide dès lors que vous avez le papier transfert, une imprimante et de l'encre. Imprimez sur une cotonnade blanche, c'est parfait !

2. Pliez le rectangle **B** dans le sens de la longueur. Maintenez par une surpiqûre, fantaisie si vous le souhaitez, au bord de la pliure. Le rectangle ainsi plié mesure 7 cm × 24 cm.
3. Appliquez le rectangle **B** sur l'endroit du rectangle **A2**, sur 3 côtés, comme sur le schéma ci-dessous, à 5 mm du bord, afin de le maintenir.

Vue du dessus

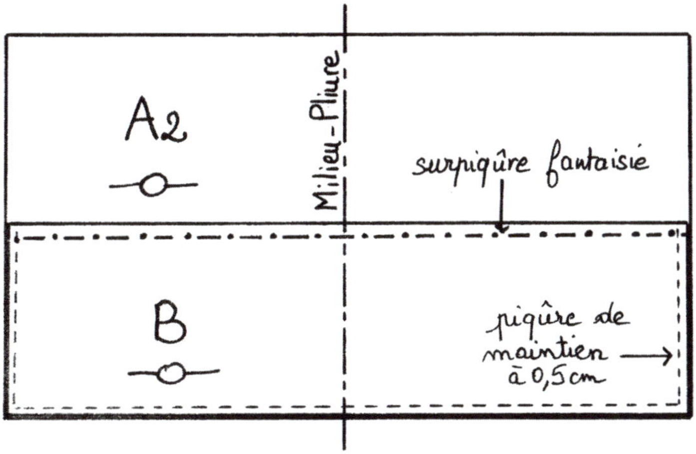

Vue de côté

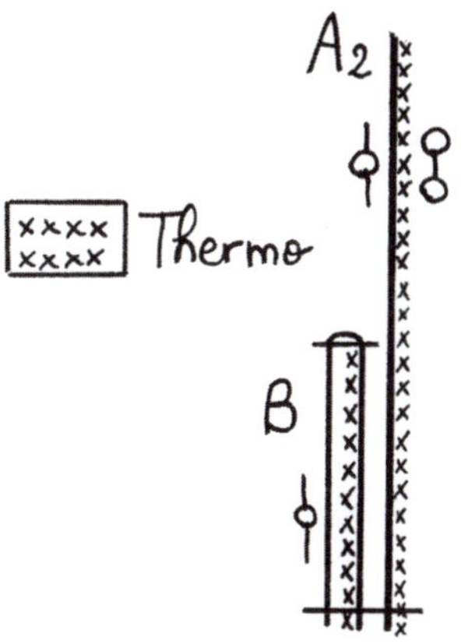

4. Positionnez les rectangles **A1** et **A2** endroit contre endroit et piquez à 1 cm du bord sur tout le pourtour, en laissant une ouverture de 5 cm dans le bas.
5. Dégarnissez les angles et rabattez les coutures à 0,5 cm si elles sont trop épaisses. Retournez par l'ouverture et faites ressortir les angles avec une baguette.
6. Repassez.
7. Fermez l'ouverture à la main ou surpiquez tout le pourtour à 2 mm du bord.
8. Surpiquez au milieu, pour marquer la pliure, au point simple ou fantaisie.

INSPIRATION MONTESSORI

La serviette de table pressionnée

OBJECTIFS

Cette serviette a pour but d'aider l'enfant dans son autonomie, vers 2 ans et demi – 3 ans, et de lui permettre de porter une serviette comme les plus grands. En effet, il la met dans son dos, comme une cape, en tenant les deux languettes, l'accroche avec les pressions et la tourne ensuite sur sa poitrine. Pour l'ôter, il tire sur les languettes pour défaire les pressions, tout simplement.

FOURNITURES

• Choisissez 2 tissus différents pour le dessus et le dessous afin que l'enfant ait un repère pour toujours mettre la serviette dans le même sens : du coton, toile enduite, éponge...
• Tissu pour le dessus de la serviette : 55 cm × 45 cm
• Tissu pour le dessous de la serviette : 55 cm × 45 cm
• Thermocollant : 20 cm × 6 cm
• 3 pressions KAM

A COUPE

1. Coupez à l'aide du patron de la feuille de gabarits le dessus de la serviette dans le tissu choisi.
2. Coupez à l'aide du patron le dessous de la serviette dans le tissu choisi.
3. Tracez les pinces au crayon à tissu sur l'envers et marquez les crans de montage.

B FABRICATION

1. Thermocollez à l'emplacement des pressions, sur l'envers du tissu, comme indiqué sur le patron, pour renforcer cet endroit qui est souvent fragilisé par le trou de la pression puis par les ouvertures et fermetures répétées.
2. Assemblez les pinces en pliant endroit contre endroit les deux côtés de la pince. Commencez la couture en haut par un point d'arrêt et continuez à piquer dans le vide après la pointe de la pince. Avec les deux fils, faites 1 ou 2 nœuds à la main pour stopper la couture. Il faut éviter de faire des points d'arrêt dans les pointes de pince, par souci d'épaisseur et d'esthétique.
3. Assemblez les pinces du dessus et du dessous (4 au total).
4. Assemblez endroit contre endroit le dessus et le dessous de la serviette et piquez à 1 cm du bord sur tout le pourtour, en laissant une ouverture comme indiqué sur le patron.
5. Dégarnissez la pointe des languettes.
6. Retournez par l'ouverture. Faites ressortir au mieux les angles à l'aide d'une baguette chinoise.
7. Repassez.
8. Surpiquez à 5 mm sur tout le pourtour. L'ouverture sera fermée par cette surpiqûre.
9. Marquez l'emplacement des pressions au crayon à tissu.
10. Posez les pressions avec une pince.

INSPIRATION MONTESSORI

Le bavoir élastique réversible

Un bavoir que l'enfant peut mettre seul à partir de 18 mois. C'est un modèle simple et rapide à réaliser. Vous pouvez choisir du tissu enduit souple, du coton ou de l'éponge, selon l'esthétique souhaitée. Ce bavoir peut être utilisé jusqu'à 3 ans, selon l'envie de l'enfant. Vous pouvez l'allonger, le raccourcir ou agrandir la bande élastiquée... À partir de 2 ans et demi – 3 ans, l'enfant pourra utiliser la serviette de table pressionnée (voir page 132).

FOURNITURES

- Tissu pour le dessus du bavoir : 35 cm × 35 cm
- Tissu pour le dessous du bavoir et la bande d'encolure : 45 cm × 45 cm
- Bande élastique d'1,5 cm de large : 20 cm

A COUPE

1. Coupez à l'aide du patron de la feuille de gabarits le dessus du bavoir dans le tissu choisi.
2. Coupez à l'aide du patron le dessous du bavoir dans le tissu choisi.
3. Coupez un rectangle de tissu de 40 cm × 6 cm pour passer la bande d'encolure élastiquée.

B FABRICATION

1. Pliez en deux le rectangle de 40 cm × 6 cm, dans le sens de la longueur, puis rabattez 1 cm sur chaque longueur comme un biais, de façon à obtenir un rectangle de 40 cm × 2 cm.
2. Surpiquez à 1 mm sur la longueur pour maintenir la bande.
3. Attachez l'élastique à une épingle à nourrice et faites-le glisser dans la bande.
4. Cousez à 0,5 cm à chaque extrémité pour maintenir l'élastique dans la bande de tissu.
5. Positionnez la partie plate de la bande élastiquée sur le dessus du bavoir, endroit contre endroit, de chaque côté de l'encolure, comme indiqué sur le schéma. Épinglez.
6. Piquez à 0,5 cm pour maintenir la bande en place.
7. Positionnez le dessous du bavoir endroit contre endroit du dessus ; la bande élastique se trouve ainsi prise en sandwich.
8. Assemblez à 1 cm sur tout le pourtour, en laissant une ouverture de 10 cm sur un côté ou en bas. Dégarnissez les angles au besoin. Retournez par l'ouverture laissée à cet effet. Repassez.
9. Surpiquez à 1 mm du bord pour finir le bavoir.
10. Vous pouvez à votre guise appliquer un motif, une étiquette personnalisée...

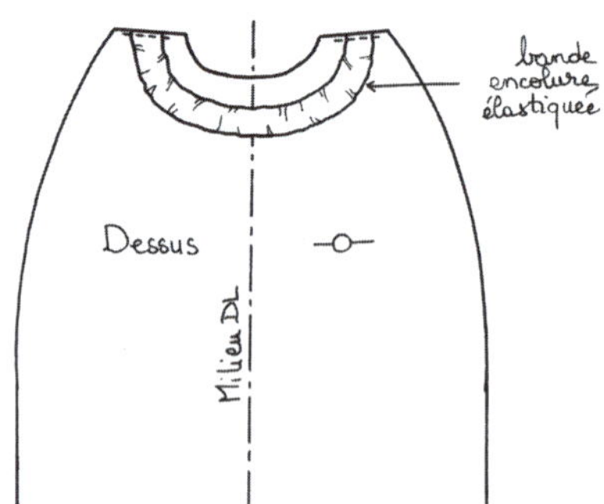

Le set de table

OBJECTIFS

L'enfant aime participer aux tâches quotidiennes. Il se sent associé à la vie de ses proches quand il réalise des travaux pratiques qui sont utiles à l'organisation de la maison. Cela le nourrit d'autant plus que ces actions s'inscrivent dans la période sensible du comportement social. Non seulement il apprécie participer, mais c'est un réel besoin que de s'approprier les us et coutumes de son lieu de vie. Cela lui permet de créer un sentiment d'appartenance à une communauté et d'assouvir son besoin de travailler. L'enfant cherche à appartenir au groupe en imitant son entourage et s'y adapte dès son plus jeune âge grâce à son esprit absorbant. Dresser la table fait partie des tâches quotidiennes par lesquelles l'enfant est très tôt attiré.

À QUEL ÂGE LE PRÉSENTER ?

L'enfant doit être marcheur, c'est-à-dire avoir une marche assurée, et pouvoir se déplacer avec un objet dans les mains en étant le plus à l'aise possible malgré les obstacles.
Entre 15 et 18 mois, l'enfant n'a généralement pas de couteau, mais à partir de 2 ans environ, il sera certainement demandeur, peut-être même avant si les activités pratiques telles qu'éplucher un fruit ou couper un légume sont maîtrisées. Par souci de cohérence, si vous décidez de lui donner un couteau, il doit être représenté sur le set. Le verre est ici disposé en haut à droite et pas au centre, au-dessus de l'assiette, car l'attraper et le déposer à deux mains en passant par-dessus l'assiette tout en étant assis demande à l'enfant d'être très à l'aise dans ses gestes et surtout d'avoir les bras assez longs... Même si l'enfant finira par être sûr de lui, il faut lui laisser le temps de coordonner ses gestes et ne pas le mettre dans une situation inconfortable. Il est donc important que le set de table soit réaliste par rapport aux habitudes et au développement psychomoteur de l'enfant, car il a besoin de concret et surtout de ne pas être mis face à l'échec.

COMMENT LE PRÉSENTER ?

Le set de table peut être roulé, attaché par un lien sur lequel on peut inscrire le prénom de l'enfant. Il est installé par l'enfant après qu'il s'est lavé les mains. Il le déroule puis y place les couverts et l'assiette aux endroits indiqués. En général il n'y a pas besoin de présentation, car l'enfant assimile très vite à quoi servent les formes représentées. La première fois, il peut être utile de passer le doigt sur le contour des formes et de désigner verbalement l'objet auquel l'emplacement correspond : « Je vais d'abord poser l'assiette, assiette », tout en passant le doigt sur le contour. On répète le nom, sans l'article. Et ainsi de suite pour les autres couverts.
Tous ces gestes du quotidien, qui peuvent nous paraître bénins, ont du sens pour l'enfant et participent à sa construction et son épanouissement. Il suffit de le voir radieux quand il effectue seul cette tâche pour comprendre.

"N'aidez
jamais
un enfant
à faire
une tâche
qu'il se sent
capable
d'accomplir
seul!"
M. M.
la toute petite poule

FOURNITURES

- Tissu de toile enduite : 50 cm × 30 cm
- Tissu du dessous (toile de coton ou de lin) : 50 cm × 30 cm

Le set peut être réalisé en toile de coton épaisse, mais l'entretien sera plus difficile. L'avantage de la toile enduite est qu'elle se nettoie facilement à l'éponge.

FABRICATION

1. Coupez un rectangle de toile enduite de 27 cm × 42 cm environ et un rectangle de tissu pour le dessous aux mêmes dimensions.
2. Tracez les diamètres de l'assiette et du verre sur l'envers de la toile enduite (ou sur l'endroit si vous avez un feutre adapté qui sera recouvert par la surpiqûre).
3. Il est recommandé de faire un essai du point zigzag sur la toile enduite pour vérifier la qualité du point. En effet, en fonction de l'épaisseur ou de la qualité de la toile enduite, le résultat peut être plus ou moins net. Vous pouvez aussi coudre au point droit sur 2 lignes espacées de 5 mm environ.
4. Piquez au point zigzag serré, au point bourdon ou au point droit les contours de l'assiette et du verre.
5. Après avoir tracé les contours des couverts (fourchette à gauche et cuillère à droite ou fourchette à gauche, couteau à droite et cuillère au-dessus), piquez-les à la machine, toujours au point zigzag, au point bourdon ou au point droit.
6. Vous pouvez repasser à chaleur douce sur l'envers de la toile avec un tissu légèrement humide pour bien aplatir les coutures.
7. Positionnez le tissu du dessous endroit contre endroit du tissu du dessus et piquez sur tout le pourtour, à 1 cm du bord, en laissant une ouverture d'environ 10 cm pour retourner. Vous pouvez dégarnir les angles si c'est trop épais.
8. Retournez le set de table en faisant bien ressortir les angles avec une baguette chinoise.
9. Repassez sur le dessous, à chaleur douce.
10. Refermez l'ouverture en surpiquant à 5 ou 7 mm du bord, ou refermez l'ouverture à la main si vous le souhaitez.

Astuce

Pour surpiquer la toile enduite, utilisez un pied presseur spécial en Téflon, ou bien disposez du papier de soie entre le pied presseur et la toile enduite afin que celle-ci n'adhère pas.
Vous pouvez également disposer la cuillère à gauche avec la fourchette plutôt qu'au-dessus de l'assiette.

INSPIRATION MONTESSORI

Le tablier de cuisine

OBJECTIFS

Ce tablier est conçu de manière à faciliter l'enfilage par l'enfant de manière autonome. En favorisant l'autonomie, on permet à l'enfant de s'impliquer dans son environnement et on tient compte de la période sensible du comportement social. En imitant les comportements des personnes qui l'entourent, l'enfant va mieux les comprendre.

ENFILAGE DU TABLIER

Pour la première utilisation, réglez la bande de taille et la bande d'encolure à la taille de l'enfant. À partir de 2 ans, il peut enfiler seul le tablier et parfois l'enlever seul. À 3 ans il peut faire les deux actions en totale autonomie. L'enfant passe ses jambes dans la ceinture en tenant un appui, remonte le tablier à la taille et glisse sa tête dans la bande d'encolure. Pour le retirer, il ôte la bande d'encolure soit en la tirant par-dessus sa tête soit en ôtant la pression, qu'il pourra remettre ensuite. Il fait glisser le tablier au sol et retire ses jambes.

FOURNITURES

- Tissu enduit souple (ou de coton) : 50 cm × 50 cm
- Tissu de coton : 50 cm × 70 cm
- Thermocollant : 20 cm × 90 cm
- Bande élastique d'1,5 cm de large : 40 cm

A COUPE

1. Coupez le dessus du tablier selon le patron de la feuille de gabarits dans le tissu enduit ou de coton.
2. Coupez le dessous du tablier (doublure) dans le tissu de coton.
3. Coupez une bande de 47 cm × 7 cm dans le tissu de coton pour l'encolure.
4. Coupez une bande de 47 cm × 7 cm dans le tissu de coton pour la taille.
5. Coupez 2 bandes de thermocollant de 47 cm × 7 cm.
6. Coupez un rectangle de thermocollant de 6 cm × 2 cm (**A**) pour le renfort des pressions de l'encolure et un rectangle de 9 cm × 5 cm (**B**) pour le renfort des pressions de la taille.
7. Coupez 2 morceaux de 20 cm d'élastique.

B FABRICATION

1. Thermocollez sur le dessous du tablier le rectangle **A** à l'emplacement des pressions de l'encolure et le rectangle **B** à l'emplacement de la boutonnière et des pressions de la taille.
2. Thermocollez les bandes de taille et d'encolure.
3. Pliez une extrémité de 7 cm de la bande de taille sur 1 cm, envers contre envers, puis pliez la bande en deux (45 cm × 3,5 cm).
4. Repassez et ouvrez.
5. Pliez sur 1 cm la longueur des 47 cm, en haut et en bas, puis repassez. Cela marquera la couture que vous effectuerez à l'étape 7.
6. Assemblez l'élastique sur le rectangle de la taille comme sur le schéma ci-dessous, une extrémité à 1 cm du bord (qui sera assemblé au tablier), par un point d'arrêt à la verticale. Puis tirez sur l'élastique et amenez l'autre extrémité à 35 cm du bord ; piquez par un point d'arrêt à la verticale également.
7. Pliez la bande envers contre envers sur la pliure faite à l'étape 3 puis surpiquez à 2 mm sur la longueur de **a** à **b** et sur l'extrémité prépliée de **b** à **c**.

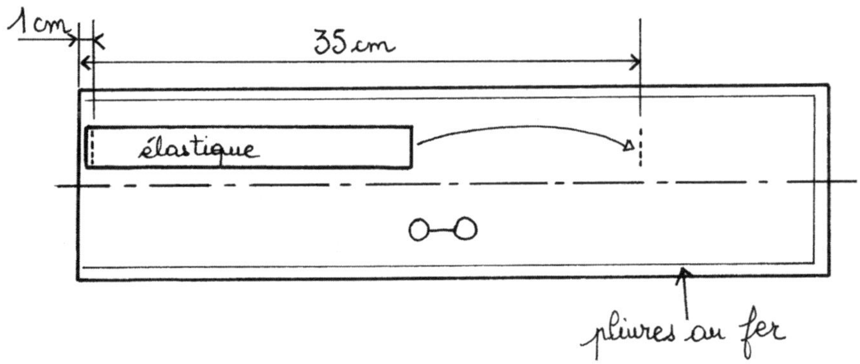

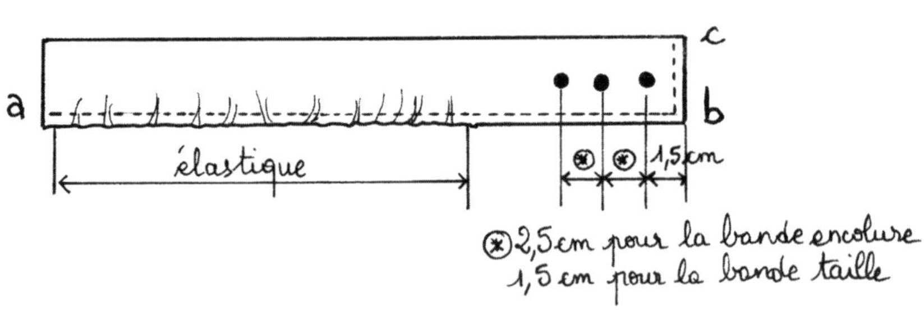

8. Posez les pressions femelles sur la partie de la bande non élastiquée, comme sur le schéma page de gauche.
9. Fabriquez la bande d'encolure de la même façon (étapes 3 à 8).
10. Positionnez la bande de taille sur un côté du dessus du tablier, endroit contre endroit, et épinglez (voir le patron).
11. Positionnez la bande d'encolure endroit contre endroit du haut de la bavette du tablier et épinglez (voir le patron).
12. Positionnez le dessous du tablier endroit contre endroit du dessus du tablier.
13. Piquez à 1 cm sur tout le pourtour, en laissant une ouverture de 10 cm sur un côté.
14. Dégarnissez les angles et les arrondis.
15. Retournez, faites ressortir les angles avec une baguette au besoin, et faites rouler la couture dans les arrondis.
16. Repassez.
17. Surpiquez sur tout le pourtour, à 1 mm du bord.
18. Réalisez la boutonnière de 3,5 cm à la taille, à l'emplacement indiqué sur le patron.
19. Positionnez les pressions mâles à l'encolure et à la taille sur le dessus du tablier, aux endroits indiqués sur le patron.

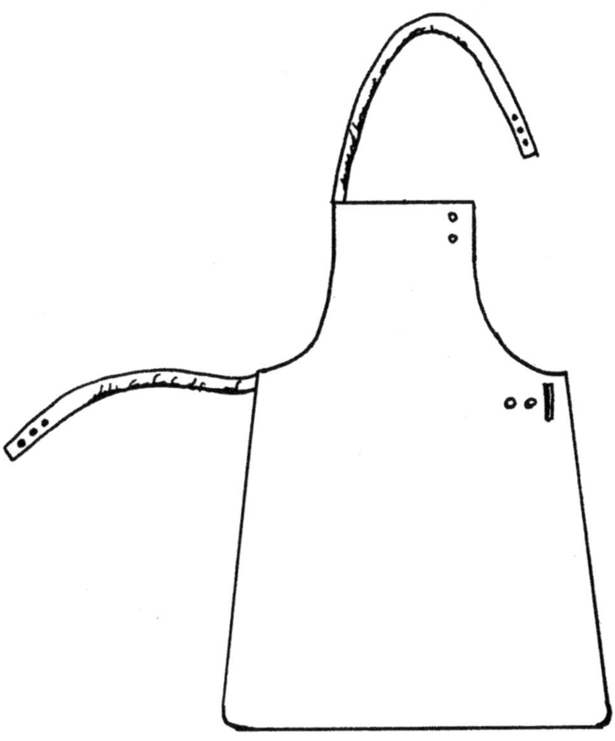

L'association Nascita située à Angers propose des formations à la pédagogie Montessori pour les 0-3 ans, les 3-6 ans et les 6-9 ans. Les formateurs Laurence Randoux et Marc Ciepers sont éducateurs diplômés AMI (Association Montessori internationale). Pour plus de renseignements auprès de Lydie et Jean-Paul Brunot : nascita-angers.fr

REMERCIEMENTS

Ma rencontre avec Linda Louis fut une chance incroyable tant sur le plan humain que professionnel. C'est une belle rencontre amicale et je tiens à la remercier pour son soutien, son professionnalisme et sa générosité.
Je tiens à remercier Laurence Auger et toute l'équipe des éditions La Plage, qui m'ont fait confiance pour ce projet.
Je remercie Séverine de la boutique Loulou Pepetti pour sa collaboration. Beaucoup de créations ont été réalisées en tout ou partie avec les tissus qu'elle vend. J'ai aimé les valeurs et les convictions que Séverine véhicule avec sa marque : travailler avec des matières saines et naturelles, avec une sélection de tissus Oeko-Tex ou bio, du *made in France*, privilégier des créateurs qui travaillent en tenant compte des données écologiques pour protéger l'environnement, mais qui respectent aussi les populations et les travailleurs.
Merci à Gabin, et à ses parents Ingrid et Julien, pour nous avoir accueillis si agréablement chez eux. Merci à mon conjoint et mes enfants pour m'avoir soutenue et supportée pendant ces mois de création et d'écriture.
Merci aux graines d'avenir que sont Ange, Emrys, Lia, Loona, Louane et Solal pour avoir participé avec autant d'enthousiasme et d'entrain à toutes les séances photo.
Merci à mes proches, mes amis pour m'avoir encouragée, notamment Cécile et Hélène.
Merci à mes parents employeurs pour leur confiance.

Achevé d'imprimer en janvier 2017